Barentssee
RUSSLAND
Moskau
Wolga
Dnipro
Don
URAL
Ob
Yenisey
Lena
Angara
Omsk
Nowosibirsk
Irkutsk
Baikalsee
Beringstraße
Beringsee
ALEUTEN
POLEN
SLOWAKEI
Zagreb
Sofia
Schwarzes Meer
Istanbul
TÜRKEI
Ural
Kasp. Meer
KASACHSTAN
USBEKISTAN
Chiva
Giorgievka
KIRGISISTAN
Sasykull
Tarim Basin
Ulan Bator
MONGOLEI
Gobi
Peking
Huang He
CHINA
Xi'an
SYRIEN
Damaskus
ISRAEL
Kairo
ÄGYPTEN
Nil
Rotes Meer
SAUDI-ARABIEN
IRAN
AFGHANISTAN
Srinagar
Indus
PAKISTAN
Neu-Delhi
HIMALAYA
NEPAL
Mt. Everest 8872 m
Kuri
Udaipur
Ganges
Kalkutta
INDIEN
Hyderabad
Madras
Arabisches Meer
Golf von Bengalen
Ost-chinesisches Meer
PAZIFISCHER OZEAN
THAILAND
Bangkok
Süd-chinesisches Meer
Khartum
SUDAN
Addis Ababa
ÄTHIOPIEN
Turkanasee
Congo
Goma
KENIA
Nairobi
L. Victoria
Mombasa
Kilimanjaro 5895 m
KONGO
TANSANIA
MALAYSIA
Singapur
INDONESIEN
INDISCHER OZEAN
SAMBIA
Lusaka
MOSAMBIK
BOTSWANA
SÜDAFRIKA
Darwin
Coen
Cairns
Great Sandy Desert
Port Hedland
Tennant Creek
Rockhampton
GREAT DIVIDING RANGE
The Olgas 1069 m
Alice Springs
AUSTRALIEN
Brisbane
Perth
Port Augusta
Adelaide
Sydney
Canberra
Melbourne
TASMANIEN
Hobart
Tasmansee
North I.
Auckland
Wellington
South I.
NEUSEELAND
Christchurch

# Motorradtraum
# Wüste

Dieses Buch will ich meiner Schwester widmen.
Sie war zwei Jahre jünger als ich. Eine starke und
schöne Frau mit zwei wundervollen Kindern.
Leider ist sie 2008 an Brustkrebs verstorben.
Wir haben Dich nicht vergessen.

Claus Possberg

# Motorradtraum Wüste

## 300 000 km und 25 Jahre Abenteuer auf allen Kontinenten

BRUCKMANN

# INHALT

INHALT

# Wie alles anfing

Motorradfahren ist gefährlich«, haben meine Eltern immer gesagt. Wenigstens hat meine Großmutter den Autoführerschein finanziert. Motorrad niemals.

Der Freund meiner verstorbenen Schwester war Kameramann und hat u.a. »Die unendliche Geschichte« und »Das Boot« gedreht. Von Yamaha bekam er eine XT250 geschenkt, mit der Auflage, sie im Film »The Making of ›Das Boot‹« zu benutzen, um die Filmrollen hin- und herzufahren. Dies sollte in diesem Film auch zu sehen sein. Er hat sie mir einfach ausgeliehen. Ich hatte natürlich keinen Motorradführerschein, war nur als Junge ein lahmes Motobecane-Mofa gefahren. Das Probieren hat mich

so begeistert, dass ich mir schnell eine Kawasaki KL250 gekauft habe.

Im ersten Regen habe ich mich gleich am Zebrastreifen, bei einem Verbremser, auf die Nase gelegt. Da wurde mir klar: Du solltest besser doch einmal den Motorradführerschein machen und es richtig lernen. Also kramte ich alle Ersparnisse zusammen (400 Mark). Der Fahrlehrer hat etwas komisch geschaut, weil ich immer mit dem eigenen Motorrad zur Fahrstunde kam, sich aber nicht getraut, etwas zu sagen. Na ja, das ist jetzt über 30 Jahre her.

Vollgas geben, das war mir langweilig. Ich wollte immer etwas erleben, weit weg. Mit einer schweren Kardan-Straßenmaschine, einer Kawasaki Z750 GT, erkundete ich 1984 ganz Europa bis zu den Kanarischen Inseln und dann zwei Jahre später noch die Sandwüsten Tunesiens. Das Fahrzeug war völlig ungeeignet und total überladen. Doch dann kamen die sogenannten Enduros in Mode, und nach einer kleinen Honda XL350 wurde ich Mitte der Achtziger stolzer Besitzer einer R80 G/S Dakar von BMW. Dieses Motorrad war der kommerziell gesoftete Ableger einer Rennmaschine, mit der BMW viermal die legendäre Rallye Paris–Dakar gewonnen hatte. Leider hatte das käufliche Fahrzeug mit den echten Wüstenrennern nur das Motorprinzip und das Firmenlogo gemein und war deswegen alles andere als perfekt wüsttauglich. Doch da kam eine kleine und im Rallyegeschäft sehr erfolgreiche Firma im bayrischen Seibersdorf ins Spiel, die schon für die BMW-Werk-Teams die Motorräder wüstentauglich umgebaut und präpariert hatte. Ich konnte einen echten Ersatzrahmen von einer Dakar-Rallye, der nur auf den Lkw mitgeführt worden war, erwerben und baute mir über die Wintermonate 1989 in einer kleinen Wohnung in München unter Verwendung der Teile aus meiner 1984er G/S selbst ein echtes Wüstenmonster zusammen. Dieses Motorrad, und ich halte es immer noch in erster Hand seit über 25 Jahren, sollte die Basis zu den teilweise abenteuerlichsten Motorradreisen sein, die man sich vorstellen kann. Dieses Buch zeigt nur einen ganz kleinen Ausschnitt davon.

Solche Touren kann jeder machen. Man braucht nur Gesundheit, eine reichliche Portion Fernweh, Selbstkritik und Umsicht. In dem Buch finden Sie neun meiner Touren auf den sechs Kontinenten jeweils kurz zusammengefasst, also reichlich Anregungen, und im Schlusskapitel sehr konkrete Tipps. Alle Touren passen in einen Jahresurlaub (keine war länger als sieben Wochen).

Einige Kapitel hat auch meine Frau und Sozia Anna geschrieben: aus einem ganz anderen, durchaus kritischen Blickwinkel!

Bleiben Sie immer fest im Sattel (egal auf welcher Motorradmarke, denn das ist letztlich unwichtig!) und viel Vergnügen beim Schmökern …

*Claus Possberg*
*im Mai 2009*

*Altiplanowüste am Jama-Pass in 4900 m Höhe (Argentinien) (großes Bild).*

*»Kugelgeröll« im Erongo-Gebirge (Namibia) (kleines Bild).*

# Die Namib

## Die schönste Wüste der Welt

Eine spektakuläre Wüstenreise führt durch die schönste Wüste dieser Erde mit ihrer interessanten Tierwelt. Namibia ist ungeheuer vielfältig, wir genießen die Gastfreundschaft der traditionellen deutschen Farmer und besuchen auch die entlegenen

Nationalparks. Die roten Sanddünen der Namib beeindrucken genauso wie das trinkende Großwild in der Etosha-Pfanne, die seit Jahrzehnten mal wieder mit Wasser gefüllt war. Viele Pisten waren sehr flott zu befahren, aber eben nicht alle …

von Claus Possberg

# Das »deutsche« Afrika

April 2008: Ich habe meine 25 Jahre alte HPN-BMW hergerichtet, auf den Motorradanhänger geladen. Jetzt ist erst mal Schneeschaufeln angesagt, um überhaupt die Garageneinfahrt hinunter zu kommen. Das Motorrad wandert in den Flieger, ich düse eine Woche später hinterher nach Windhoek, der Hauptstadt Namibias. Mein Freund Christoph, mit dem ich bereits zwei andere größere Reisen gemacht hatte, begleitet mich mit seiner klassischen BMW R100 GS Dakar.

Wir holen unsere Motorräder aus dem Zoll, und im Gegensatz zu vielen vorherigen Reisen geht es hier ganz einfach und schnell. Die Hauptstraße Richtung Südafrika ist gut zu befahren, und am gleichen Tag starten wir noch weit in den Süden und übernachten im spektakulären Köcherbaumwald. Die Köcherbäume sind eigentlich keine Bäume, sondern Aloen, die eine Höhe bis zu neun Metern erreichen. Zwischen den lose herumliegenden Felsbrocken im Sonnenuntergang ergibt sich ein unglaubliches, bizarres Bild. Nur einige Stunden Staubstraße weiter öffnet sich der zweitgrößte Canyon der Welt, der Fish River Canyon. Kaum zu glauben, dass dieser winzige Fluss einen so tiefen Einschnitt in die felsige Landschaft genagt hat. Wir machen jetzt einen kleinen Abstecher an die Küste nach Lüderitz, einer ehemals deutschen Stadt im Jugendstil der wilhelminischen Kaiserzeit. 1908 wurden in diesem Gebiet Diamanten entdeckt, was zu einem enormen Boom führte, der jedoch durch den Ersten Weltkrieg abrupt unterbrochen wurde. Noch heute sind große Teile der Namibwüste Diamantensperrgebiet. Deshalb sind auch ausgedehnte Anteile dieses Areals bis heute nicht zugänglich und daher völlig naturbelassen.

## Sanddünen der Namib

Von dem kleinen ehemals deutschen Dorf mit dem originellen Namen »Aus« folgen wir nun kleinen Pisten unmittelbar an der Namibwüste und dem Sperrgebiet entlang nach Norden. Immer wieder sieht man fantastische Dünenformationen, unterbrochen von Weiden- und Steppenlandschaften. Es gibt nur einen legalen Zugang in das Sperrgebiet und das Nationalparkinnere, man muss in Sesirem ein Permit (Genehmigungsschreiben) erwerben. Dies berechtigt zur ganztägigen Besichtigung des Tsauchab-Tals. Der gleichnamige Fluss entspringt aus dem Sossusvlei, einem nur gelegentlich Wasser führenden See. Der Weg führt durch markant gezackte Dünenketten mit zahlreichen Wildtieren, die sich von dem nur spärlichen Steppengras am Fuße der Dünen ernähren. Es gibt hier mehrere ausgetrocknete Seen, sogenannte »Vleis«, die wirklich bizarr aussehen. Abgestorbene Bäume ragen aus einer weißen Salzpfanne, umgeben von orangeroten, unberührten Dünen. Die Piste dorthin ist allerdings sehr tiefsandig und somit nichts für Motorradanfänger.

## Skelettküste

Hinter Swakopmund, ebenfalls einem hübschen deutschen Städtchen direkt am Meer, folgen wir einer Salzpiste entlang der Skelettküste, teilweise direkt am Strand entlang. Diese Gegend ist sehr einsam und wird vormittags von dichten Nebelschwaden eingehüllt. Der Eingang in den Skelettküsten-Nationalpark ist leider mit Motorrädern nicht erlaubt, so folgen wir einer aufgelassenen Piste, die zur Versorgung einer Diamantenmine diente, unmittelbar südlich des eindrucksvollen, tiefschwarz zerklüfteten Brandberges. Immer wieder treffen wir auf Welwitschien, extrem sonderbare Pflanzen, die mehrere hundert Jahre alt werden können, aber nur ein einziges Blattpaar besitzen. Auf Afrikaans heißt sie »Tweeblaarkanniedood«, das bedeutet »Zwei-Blatt-kann-nicht-sterben«. Die oberflächlich verlaufenden Wurzeln dieser Pflanze sind allerdings sehr empfindlich, sodass man sich ihnen, vor allem mit einem Fahrzeug, nicht zu stark nähern sollte.

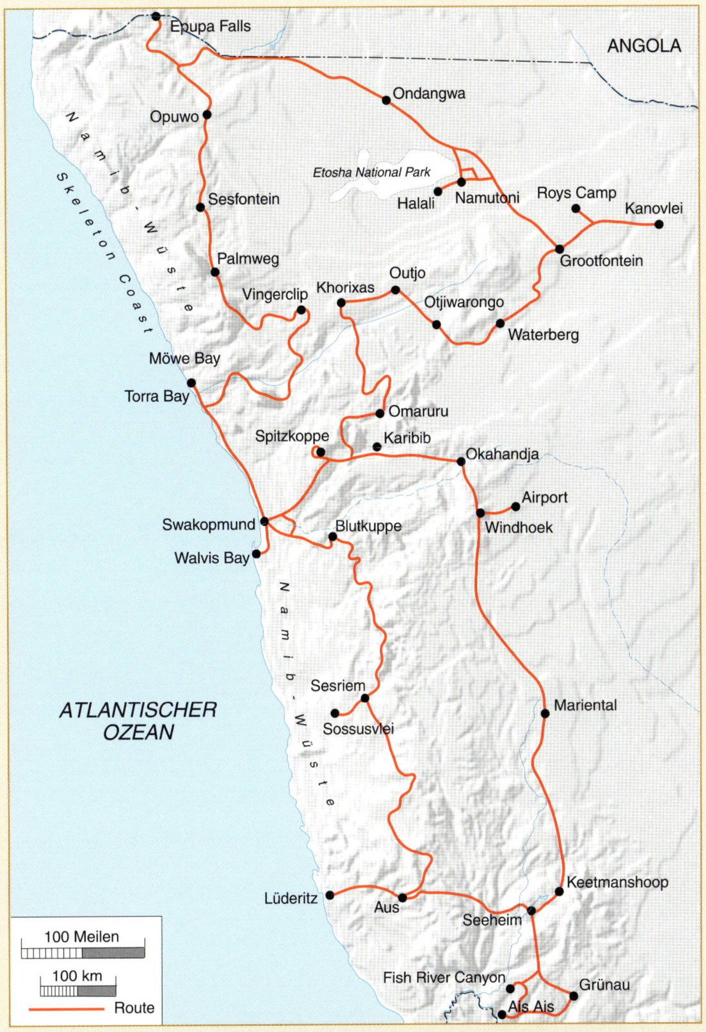

*Vorangehende Doppelseite: Die berühmten roten Riesendünen im Naukluft-Nationalpark (großes Bild). Fahrvergnügen im Sand (kleines Bild).*

*Linke Seite: Dieser Oldimer hat es wohl nicht durch die Wüste geschafft. Bei Aus (Südnamibia).*

*Rechts: Kolmannskuppe war vor dem ersten Weltkrieg eine deutsche Diamantenschürferstadt.*

## Kaokoveld mit technischen Problemen

Die Reise geht nun ins Kaokoveld, eine sehr trockene wüstenhafte Region mit zahllosen eindrucksvollen Steinformationen. Die Landschaft ist hier ein wenig wie in dem legendären Film »Jenseits von Afrika«. Die Regenzeit ist gerade vorbei, viele der Pisten sind noch stark aufgeweicht, sodass wir häufig mit Schlamm oder grobem Geröll kämpfen müssen. Mein Freund Christoph ist solche Verhältnisse absolut nicht gewöhnt, schlägt sich jedoch wacker. Leider geht sein Anlasser kaputt, den wir in Opuwo, bereits relativ weit im Norden im Kaokofeld, schließlich ausbauen müssen. »Made in Polonia« steht auf dem Ding – und dummerweise ist das Teil verpresst und nur mit Gewalt zu öffnen. Da fallen uns auch schon die Magnete entgegen. Offensichtlich hatte sich der Kleber, mit dem diese Permanentmagnete eingeklebt waren, durch die extremen Vibrationen und Temperaturen gelöst. Ich habe einen guten Zweikomponenten-Industriekleber dabei und wir kleben die Magnete wieder rein. Leider härtet das Zeugs bei den Temperaturen hier ziemlich schnell aus und so bleibt es zunächst unbemerkt, dass offenbar die Nord-Süd-Richtung der Magnete vertauscht wurde. Der Anlasser will weiterhin nicht starten, die Magnete gehen aber dank dieses hochwertigen Zeugs auch nicht mehr raus. So bleibt uns nichts anderes übrig, als den Motor nach dem Abstellen jedes Mal mit Anschieben oder Anschleppen in Gang zu bringen. Keine guten Voraussetzungen, um die abgelegenen Gebiete des Kaokovelds über den steilen und steinigen Van-Zyls-Pass zu erkunden, daher müssen wir unsere Route ab jetzt etwas vereinfachen. Wir fahren bis zur Grenze nach Angola zu den Epupa-Fällen; der wasserreiche Cunene-Fluss bildet hier die Grenze. Die Piste direkt am Fluss ist nach der Regenzeit kein Vergnügen, nur mit Mühe gelingt es uns einmal, Christophs in tiefstem grauem Lehm festgefahrenes Motorrad wieder zu befreien.

## Tierwelt der Etosha-Pfanne

Unglaublich eindrucksvoll ist der Besuch der Etosha-Pfanne. Nur alle paar Jahre füllt sich diese Salzpfanne mit Wasser, nach den ausgiebigen Regenfällen vor unserer Tour ist dies genau jetzt der Fall. Das sehr nette Ehepaar, das außerhalb des Nationalparks eine hübsche Lodge im Dschungel führt, leiht uns ihren Pickup, um diesen berühmten Nationalpark zu besuchen (Motorräder dürfen leider nicht rein), sodass wir die Tierwelt hier zwei Tage ausgiebig kennenlernen können. Elefanten, Löwen, Giraffen, Zebras, Antilopen und zahlreiche andere Wildtiere lassen sich wunderbar beobachten und fotografieren. Extrem lohnend!

## Die San – vergessene Buschmänner

Wir machen jetzt noch einen Abstecher zu den Buschmännern im Osten des Landes, dem Volksstamm der San. Sie leben seit vielen tausend Jahren als nomadische Jäger und Sammler und waren in der Kolonialzeit immer wieder Vernichtungsfeldzügen des niederländischen Gouverneurs ausgesetzt. Die Überlebenden flohen in die Kalahari und wurden auf den Farmen der Europäer versklavt. Heute gibt es noch knapp 40000 San in Namibia. Nur noch wenige leben auf traditionelle Art und Weise.

Es ist eindrucksvoll zu sehen, wie man mit einem Rollstäbchen Feuer macht (als kleiner Junge hatte ich das immer probiert, aber nicht geschafft), mit Pfeil und Bogen Gazellen jagt und sich von ausgegrabenen Wurzeln ernähren kann. Diese Menschen brauchen kein Survival-Handbuch. Die San sind unglaublich ausdauernd. Sie können zwei Tage hinter einem Wildtier herlaufen, bis dieses erschöpft zusammenbricht und es so erlegen. Ein San-Junge ist erst erwachsen, wenn er dies zum ersten Mal schafft. Die San jagen allerdings auch mit Wurfspeeren sowie mit Pfeil und Bogen. Es ist schade, dass diese Kultur untergehen wird, aber Schulpflicht und die allgegenwärtigen Missionare, jedoch auch strukturelle Änderungen wie Straßen, Zäune und das Rechtsprinzip des Landbesitzes verträgt sich nicht mehr mit dieser traditionellen Lebensweise.

*Linke Seite oben: Die Dünenkämme erstrecken sich parallel zur Küste.*

*Linke Seite unten: Das Dead Flei ist eigentlich ein eingetrockneter, salziger See.*

*Unten links: Für die Befahrung des Naukluft-Parks ist ein Erlaubnisschein nötig.*

*Unten rechts: Felsbögen in der Spitzkoppe-Region.*

HPN
1040 cc

## Die letzten Breitmaulnashörner

Der Waterberg ist ein markanter Tafelberg, fast 2000 Meter hoch mit einmaliger Tierwelt, u.a. dem sehr seltenen Breitmaulnashorn. Wir haben Glück und können einige der Tiere bei einer Wanderung aus nächster Nähe beobachten. Ein Breitmaulnashorn kann bis zu 3,5 Tonnen wiegen und bis zu vier Meter lang werden. Das imposante Horn wird bis zu 70 Zentimeter lang. Dieses Tier sieht sehr schlecht. Daher kann man sich – entsprechende Kenntnisse und äußerste Umsicht unterstellt – bis auf wenige Meter nähern, vorausgesetzt, man hat Gegenwind, denn sonst wird das Tier den Menschen sofort wittern und angreifen. Leider führt dieser Umstand auch dazu, dass es sehr leicht zu jagen ist. 1983 hielt man diese Art bereits für ausgestorben, bis eine kleine Restpopulation von zehn Tieren in Südafrika entdeckt wurde. Alle heutigen Breitmaulnashörner (etwa 11000) stammen von diesen zehn Tieren ab. Der Genpool ist also sehr klein, und Inzuchtprobleme machen die Tiere anfällig. Sie wurden in verschiedenen Nationalparks und privaten Wildparks wieder angesiedelt. Diese Tiere aus nächster Nähe zu sehen ist ein ungeheures Erlebnis. Man denkt sofort an den Film »Jurassic Park« mit seinen urzeitlichen Monstern.

## Gästefarmen

Wir besuchen jetzt noch einige der beliebtesten deutschen Gästefarmen in Zentral-Namibia, u.a. Waterberg Wilderness, Bambazi, Schönfeld, Ameib. Diese Menschen, die oft schon seit mehreren Generationen hier leben, sind unglaublich gastfreundlich und bieten vielen Einheimischen gute Arbeitsplätze. Jede Farm hat ihre Besonderheiten, z.B. Rundflüge, Safaris oder eine unglaublich spektakuläre Umgebung mit Felsmalereien und Felsblöcken. Die nur dreieinhalb Wochen der Reise quer durch Namibia waren leider viel zu schnell um, Mann und Motorrad in zehn Stunden aber noch schneller daheim.

*Vorangehende Doppelseite: Felswüste der Blukuppe-Region.*

*Oben: Nur noch wenige der San (Buschmänner) leben auf traditionelle Weise.*

*Unten: Bulls Party, nahe der Ameib-Ranch. Solche Spiegelungen sind selten, da die Gegend meist dürr und trocken ist.*

*Rechte Seite: Erschrockener Elefantenbulle (Etosha), satte Löwenfamilie (Etosha), Breitmaulnashorn (Waterberg) und Wüsten-Chameleon (Spitzkoppe).*

## Dokumentation Namibia

Namibia ist seit der Loslösung von Südafrika 1990 ein eigenständiger Staat. Man spricht Englisch, Deutsch oder Afrikaans (eine Mischung aus einheimischen Dialekten und Holländisch) sowie Oshivambo. Namibia hat etwa die zweieinhalbfache Fläche von Deutschland, jedoch nur 1,9 Millionen Einwohner (Deutschland 82 Millionen). Das Land ist eine Republik mit einem gewählten Präsidenten.

## Klima und Reisezeit

Wüstenhaft heiß und trocken, vereinzelte kurze Regenfälle zwischen November und April, die vor allen im Norden sehr heftig ausfallen können, im Süden regnet es selten, wenn überhaupt, eher im Juni und Juli. Landwirtschaftliche Nutzung des Landes ist nur beschränkt möglich, im trockenen Süden Viehzucht, im Norden teilweise auch Ackerbau. Der etwa hundert Kilometer breite Streifen der spektakulären Dünenwüste Namib trennt die durch den aus dem Süden kommenden Benguelastrom sehr kühle und oft neblige Küste vom Landesinneren.

## Anreise und Formalitäten

Namibia ist im Direktflug von verschiedenen deutschen Flughäfen problemlos zu erreichen, die Zeitverschiebung beträgt nur eine Stunde. LTU Cargo nimmt auch unverpackte Motorräder mit und hat damit ein Alleinstellungsmerkmal. Für den Import ist ein Carnet du Passage vorgeschrieben, die Abfertigung geht für Afrika-Verhältnisse professionell und zügig. Nationaler und internationaler Führerschein sowie ein internationaler Fahrzeugschein sind zu empfehlen, eine Visumspflicht besteht nicht. Die Sicherheitslage ist gut, die Menschen sind sehr ehrlich und hilfsbereit, lediglich in der Hauptstadt ist, wie weltweit in jeder Großstadt, ein wenig Vorsicht geboten.

## Unterkunft und Verpflegung

In den größeren Städten gibt es Hotels und Pensionen verschiedener Preisklassen, auf dem Lande findet man wunderschöne Zeltplätze oder die sehr attraktiven, meist deutschen Gästefarmen. Die bekanntesten sind in den guten Reiseführern aufgeführt, im Zentrum von Windhoek findet man in jedem Buchladen außerdem ein nationales Verzeichnis aller Unterkünfte mit Fotos und Beschreibung (empfehlenswert, kleines Taschenbuchformat).

## Literatur und Karten

Es gibt mehrere einschlägige Reiseführer, ich hatte den aus dem Reise-Know-How Verlag einschließlich der entsprechenden wasserfesten Landkarte dabei.

## Fahrzeug

In Namibia sind abseits der Teerstraße harte Stollenreifen auf richtigen Enduros ein absolutes Muss. Ich fuhr den legendären Michelin Desert. Unbedingt Ersatzschläuche, Montierhebel und Flickzeug mitnehmen. Wir beide hatten insgesamt vier Reifenpannen, was auf die spitzen Steine und knochenharte Akaziendornen zurückzuführen ist. Das Motorrad sollte zumindest 500 Kilometer Reichweite haben, mit meiner HPN-BMW habe ich im Kaokoveld sogar einmal 826 Kilometer geschafft – mein neuer Rekord (mit dem 45-Liter-Tank und ohne Nachschütten!). Hält man sich an die Hauptrouten, kommt man sicherlich auch mit einer geringeren Reichweite zurecht, die wirklich attraktiven Nebenstrecken sind dann aber eventuell nicht zu machen. Die Pisten in Namibia werden gut gepflegt, von wenigen Ausnahmen (Regenzeit, Kaokoveld-Nebenrouten) abgesehen, sollten durchschnittliche Enduro-Fahrkenntnisse völlig ausreichen.

## Fotografie

Auf dieser Reise habe ich 2008 mit meiner damals neuen Digitalkamera Canon EOS 1 Ds Mark III fotografiert, und zwar mit den Brennweiten 14, 24-105 und 100-400 mm. Es entstanden 5568 Fotos im RAW-Format, die auf vier CF-Karten mit je 32 GB gespeichert wurden. Die Qualität dieser Bilder daheim am 30-Zoll-Monitor ist eine Offenbarung.

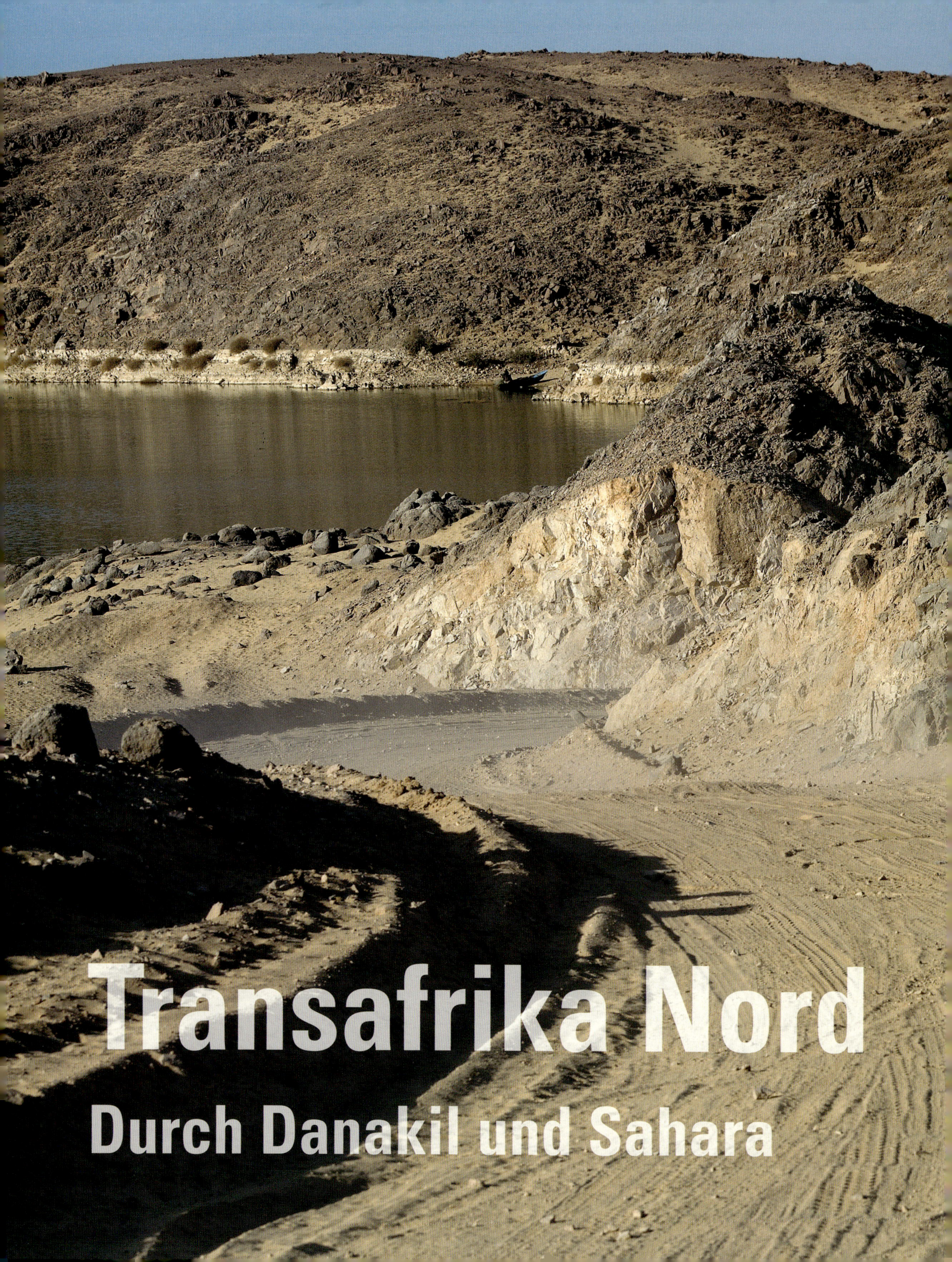

# Transafrika Nord

## Durch Danakil und Sahara

Die nördliche Afrika-Durchquerung war gespickt mit Abenteuern und Gefahren bei der Fahrt durch drei Wüsten, nämlich der Moyale Desert im Norden Kenias, der Danakil-Wüste zwischen Äthiopien und Eritrea und natürlich der Sahara im Sudan und in Ägypten. Ein seit einigen Jahrzehnten ständig aktiver Vulkan mit einem rot glühenden Lavasee interessierte uns besonders. Nur dorthin zu kommen erwies sich als noch schwieriger als befürchtet!

von Anna Possberg

# Start in Kenia

Kenia überrascht – die Einreiseformalitäten wickeln sich Sonntagvormittag schnell ab. Um 10 Uhr morgens sind wir frei für unser nächstes Abenteuer: von Kenia quer durch Afrika zurück nach Deutschland.

## Kenias wüstenhafter Norden

Als wir das Hochplateau im Norden erreichen, hüllt sich der verschneite Mount Kenia in dicke Wolken. Hier beginnt die trockene Landschaft, Savanne wechselt mit der Wüste ab. Riesige Lavabrocken und Vulkanasche zeugen von heftiger Aktivität aus dem Erdinneren. Das Gefühl von Einsamkeit und Leere täuscht; bei genauem Hinsehen entdecke ich in den Büschen Eingeborene, die uns belauern. Die Samburu reagieren gestört, als wir eine Pause in einem Dorf machen, und werden ungehalten, als wir ein paar Fotos schießen wollen. Mitten in diesem trostlosen Wüstenplateau überlebt Marsabit als kleine Oase, auf einem Schildvulkan gelegen. In der einzigen Unterkunft am Ort bringen uns freundliche Helfer zwei Kübel Wasser, damit wir uns waschen können. Ich bekomme eine leise Vorahnung auf die weitere Hygiene der Reise. In diesem Erdteil reisen Frauen gar nicht. Also gibt es keine Vorrichtungen, die die Geschlechter voneinander trennen. Improvisation ist gefragt. Das Abendessen fällt sehr karg aus, da wir ohne Selbstversorgung auf die lokalen Vorräte angewiesen sind.

Tuffgeröll und Basaltbrocken übersäen die schlechte Piste. Claus muss harte Arbeit leisten, um den Lenker im groben Schotter stundenlang zu halten. Knapp kann er die scharfen Kanten der Lavasteine umfahren. Ich als Sozia darf die karge Steinwüste betrachten. Wäre nicht das permanente Gerappel, würde ich fast einschlafen. Der lästige Wind bläst den feinen Sand durch alle Ritzen. Im kleinen Dorf Turbi laufen überall Männer mit Gewehren rum. Ein Foto, sogar von der Landschaft (ohne Menschen drauf), muss sofort in bar bezahlt werden. Ein Junge wirft mit einem Stein nach mir und trifft mich in der Bauchgegend. Auf Gäste sind sie wohl nicht gut zu sprechen. Für diese 600 Kilometer lange Strecke von Marsabit nach Moyale hat die EU dreimal und die Weltbank einmal Geld für den Bau einer Asphaltstraße gegeben. Aber gut gemeinte Gelder versickern in Afrika nur allzu häufig.

## Äthiopien

Im äthiopischen Grenzort Moyale betreten wir wieder so etwas wie Zivilisation. Bei frischem Bier lassen wir uns Ziegenfleisch schmecken, eine äthiopische Spezialität. Im Hochland Äthiopiens ist die Vegetation üppig. In Arbaminch, am Großen Grabenbruch, sehen wir aus dem Hotelfenster auf die zwei Seen Abaya und Chamo, die voller Krokodile sind. Es gibt wenige Zimmer auf Erden mit einem solchen Ausblick. Hinter Sodo geraten wir in eine schwarze Wolkenwand. Peitschender Regen wirft uns fast vom Motorrad und dichter Hagel prasselt krachend nieder. Am Abend entdecke ich lauter blaue Flecken auf den Oberschenkeln. Ich bin froh, dass ich hinter Claus sitze und dass wir Helme tragen.

In der Nähe von Addis Abeba nimmt die Bevölkerungsdichte zu. Die Stadt fiebert bei unserem Aufenthalt zusammen mit dem ganzen Land dem koptischen Millennium (Jahrtausendwechsel-Fest) am 11. September 2007 entgegen. Nicht nur das Alphabet ist anders, auch die Zeitrechnung liegt ungefähr sieben Jahre zurück. Wir besichtigen den Markt und die Kathedrale, in der eine interessante landestypische Hochzeit stattfand. Hier wurde das Brautpaar sogar gekrönt.

*Vorangehende Doppelseite: Die Piste nach Wadi Halfa führt am Nasser-Stausee vorbei (Sudan; großes Bild). Ein Kamelreiter posiert vor den Pyramiden von Gizeh (Ägypten; kleines Bild).*

*Linke Seite: Staubige Piste durch die Nubische Wüste (Sudan).*

*Oben: Weiße Kamele bei Moyale (Kenia).*

*Unten: Die groben Wellblechpisten sind mit dem Motorrad unangenehm zu fahren (Sudan).*

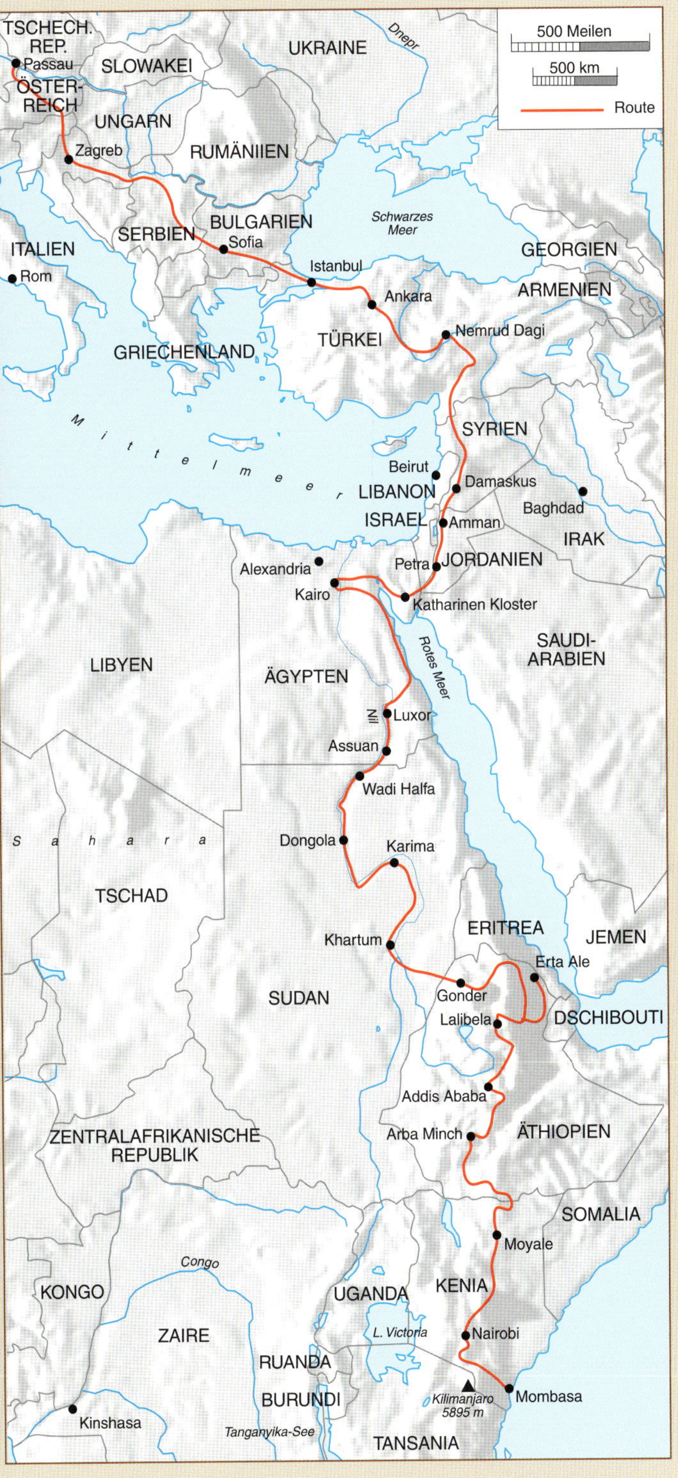

## Das Hochland

Im kühlen Hochland wechseln sich Sonne und Regen im Minutentakt ab. Durchnässt kauern wir in einem Hotel in Dese. Die Straße nach Lalibela verwandelt sich in eine Schlammpiste. Bis Woldia nur endlose Schlingen und keine Frühstücksbude. Die vielen Pilger auf dem Weg zum Kiddu-Johannes-Fest kosten Claus viel Konzentration. In einem Dorf passiert Claus eine alte taubstumme Frau, sie erschrickt, dreht im letzten Moment um und läuft uns verwirrt direkt in die rechte Motorradseite. Claus kann den Zusammenprall nicht mehr verhindern und wir kippen bei Schrittgeschwindigkeit zur Seite. Als ich vom Boden erschrocken aufspringe, sehe ich nur die Frau ausgestreckt auf der Straße liegen. Mir bleibt das Herz stehen, als uns sofort eine aufgebrachte bewaffnete Meute umzingelt. Sie schubsen Claus und treten den Seitenständer jedes Mal weg, als er immer wieder versucht, das Motorrad aufzuheben, aus dem Benzin ausläuft. Ich beruhige die Masse, indem ich Claus als Arzt vorstelle. Er darf die Frau untersuchen, die keine ernsten Verletzungen hat. Nach einer Stunde Ratsversammlung, flankiert von dunklen Typen mit alten Gewehren, geben wir dem Ehemann 200 Euro, um die Frau sicherheitshalber ins Krankenhaus zu fahren. Unser Motorrad hat lediglich eine kleine Beule in dem stabilen Alukoffer, die mit einem Stein rausgeklopft wird.

## Die Felsenkirchen

Kurz vor Einbruch der Dunkelheit zeigt uns ein Führer die alten Felsenkirchen in Lalibela. Im vulkanischen Tuff gemeißelt, heben sich die Wände nicht zum Himmel empor, sondern versenken sich in die schützende Tiefe der Erde. Menschen in weißen Tüchern beleben das alte Gestein, um das Neujahr und den koptischen Jahrtausendwechsel zu erleben. Die Kirche Bet Giorgis beeindruckt mit ihrer schlichten Schönheit, die Atmosphäre und die Demut der Menschen sind grandios. Um drei Uhr in der Nacht beginnen die orthodoxen Priester das Neue Jahr singend anzukündigen. Leider bin ich danach voll mit Flöhen, offenbar sind die berühmten Erd-Kirchen damit verseucht gewesen.

## Abenteuer Danakil

In Mekele werden wir von unserem Guide mit einem Toyota Allrad für die Danakil-Etappe erwartet. Um Entführungen durch Rebellen vorzubeugen, ist für diese Region, die nahe der Grenze zu Eritrea verläuft, die Mitnahme von zwei bewaffneten Soldaten vorgeschrieben, dazu ein Fahrer und ein Koch, denn die Leute wollen ja versorgt werden. Wir wollen die bizarr farbige, vulkanische Danakil-Senke, den heißesten Punkt der Erde, sowie den Vulkan Erta Ale besichtigen, der Einzige, in dem ein offener Lavasee brodelt.

In Bera Ale, dem Außenposten zur Wüste, hören wir Gerüchte, dass die Strecke zur Dallol-Senke unpassierbar sei. Aber ein UN-Auto sei wohl durchgekommen, also wagen wir es auch. Im Auto wird es eng, als auch noch die zwei Afar-Soldaten mitkommen. Der Weg durch das Wadi führt durch riesige Geröllhalden, eine Piste ist nicht mehr zu erkennen. Oft bleiben wir stecken und jeder muss über Felsen schieben helfen. Die 50 Kilometer durch ein schwer passierbares, verschüttetes Flusstal des Meror River legen wir in fünf Stunden zurück. Mit etlichen Beulen und einem verlorenen Trittbrett kommt das Auto samt Begleitung in Hamed Ela an, einem glutheißen Militärposten in der kochenden Salzpfanne, 85 Meter unter dem Meeresspiegel. Malerisch ziehen Kamelkarawanen mit Salzblöcken an uns vorbei. Obwohl schon bald Nacht ist, erschlägt uns die brütende Hitze. Es kühlt »bloß« auf 37 Grad runter. Wie hilflose Schildkröten liegen wir rücklings auf unseren Matten. Mit drei mit automatischen Waffen ausgerüsteten Afar-Leuten fahren wir morgens über den ausgetrockneten Salzsee Lake Assale zu den entlegenen Dallol-Quellen, 129 Meter unter dem Meeresspiegel, an der Grenze zu Eritrea. Hier, in dieser Senke, verläuft der Große Bruchgraben, der Ostafrika durchquert. Die Sonne brennt unbarmherzig runter. Zwischen aufgerissenen Salzkrusten steigen wir einen Hang zum Dallol Hill hinauf. Die 60 Grad Celsius zeigen mir bald, wo die Gren-

zen liegen. Die giftigen Quellen blenden uns mit ihren grellen Farben. Ätzende Gase steigen auf. Mehr als eine Stunde sollte man hier nicht verweilen, sonst kann man das Bewusstsein verlieren. Frühere Besucher wurden hier bereits von eritreischen Rebellen entführt.

## Erta Ale

Die Strecke zum Vulkan Erta Ale ist wegen tiefen Salzschlamms völlig unpassierbar, also zurück. Nach notdürftigen Reparaturen in Mekele fahren wir erneut los. Wir müssen den Erta Ale von Süden anfahren, am Afrera-See vorbei. Das kostet uns ein paar Tage Umweg, aber wir wollen den Vulkan unbedingt sehen. Wegen des Nachtregens liegt die Sandpiste zum Afrera-See unter Wasser. Die Flut hat die engen Pisten teilweise abgespült, sodass zwei Fahrzeuge einander kaum passieren können. Über Satellitentelefon erfahren wir, dass eine Expedition mit vier deutschen Vulkanbesuchern vor einigen Tagen einen Hitzetoten zu beklagen hatte. Diese Saison sei überhaupt noch keinem Menschen der Erta-Ale-Aufstieg gelungen. Die Zeichen stehen schlecht, aber wir lassen uns nicht abschrecken. Am Afrera bauen Tagelöhner unter widrigsten Bedingungen Salz ab. Die Stimmung im Ort hat etwas von einem schlechten Science-Fiction-Film mit Endzeitstimmung: weggespülte Bretterbuden, wirbelnder Sand, Salz und Geier bei 60 Grad Hitze. Zwischen Maschendrahtzaun stellen uns Männer Stahlbetten unter freiem Himmel auf.

Am zweiten Tag begleiten uns die obligatorischen schwer bewaffneten Afar-Polizisten. Respekt gegenüber Frauen kennen diese strenggläubigen Muslime nicht. Die Sozia wird in den Kofferraum verladen, irgendwo zwischen Gepäck und Sackkartoffeln hinein, damit sie selbst auf dem Rücksitz genug Platz für sich und ihre Waffen haben. Am Nachmittag lenken die Polizisten den Fahrer durch einen Graben, der noch Feuchtigkeit vom letzten Regen enthält. Ohne Schwung bleibt die Kiste im Schlamm stecken, hinten und vorne in der Böschung eingeklemmt! Laut GPS sind wir von der Route abgewichen, denn die eigensinnigen Polizisten wollten Tee im Nachbardorf trinken. Anstatt zu helfen und so das verbleibende

*Linke Seite links: Die Felsenkirchen in Lalibela sind tief in den Fels geschlagen und die größten monolithischen Gebäude der Erde (Äthiopien).*

*Linke Seite rechts: Koptischer Priester (Äthiopien).*

*Oben: Traditionelles Rundhüttendorf (Äthiopien).*

Tageslicht zu nutzen, verschwinden sie zum Ramadan-Gebet. Erst in der Nacht tauchen die Afar-Leute wieder auf und buddeln und schieben gemeinsam den Toyota Allrad raus. Frustriert schlafen wir auf nackten Vulkanbrocken ein.

Erst am nächsten Vormittag erreichen wir das Erta Ale Base Camp. Keine gute Voraussetzung für die bevorstehende Aufgabe! Wir warten in einer Akazienhütte den Nachmittag ab, damit es vielleicht etwas abkühlt. Um 17 Uhr messen wir über 60 Grad Celsius. Auf dem Lavaweg hinauf verbrauchen wir sehr viel Wasser. Drei Liter bleiben uns für die nächsten zwölf Stunden bei der Hitze und Anstrengung, den Rest haben die Herren für ihre heiligen Fußwaschungen verbraucht. Ich verzichte aufs Wasser, weil Claus sehr viel Flüssigkeit nötig hat. Aber die Angst schleicht sich langsam ein. Es darf nichts pas-

sieren, kein falscher Fußtritt. Die Polizisten treiben uns wie Vieh voran. Die Nacht bricht ein, aber wir klettern weiter zwischen schroffen Lavafelsen. Das müde Licht der Stirnlampe beleuchtet unsere Füße.

Um 22 Uhr stehen wir am äußeren Kraterrand. Doch der innere Kraterrand und Rand des Lavasees sind noch 500 Meter weg. Ein Sturzregen hat die Stufen hinab in den Krater weggespült. Man hört das Brodeln und den Widerschein des glühenden Magmas. Wir müssen uns dem Schicksal beugen und steigen mühsam ab zum Zwischenlager. Wieder eine Nacht auf nacktem Felsen. Unruhig wache ich bereits um vier Uhr auf. Wir müssen weg aus dieser lebensfeindlichen Gegend, bevor die Sonne zu hoch am Himmel steht und unser Wasser ausgeht. Im Eiltempo wandern wir zurück ins Base Camp. Ausgetrocknet sinken wir erschöpft in der Hütte am Afrera-See nieder. Ich nehme nicht mal die Kalaschnikow wahr, auf der ich einschlafe.

## Simien Mountains

Zurück in Mekele verabschieden wir uns von unseren Begleitern und setzen unseren Weg nach Aksum alleine fort. Die frühere Hauptstadt des gleichnamigen Reiches hat auch heute noch einen wichtigen Status für die Äthiopier, als der heilige Ort, wo die Bundeslade aufbewahrt wird. Die Obelisken erinnern an die untergegangene Hochkultur. Der Nordwesten fasziniert mit eindrucksvollen Naturszenen der gezackten, grünen Simien-Berge. Aber die lange Strecke nimmt uns stark in Anspruch. Auf matschigen, zerfurchten schwarzen Erdpisten, die sich durch zerklüftete Täler und steile Berge winden, brauchen wir bis Gonder mehr als zehn Stunden. Ein Unwetter mit Erdrutsch erschwert uns die Reise durch den dichten Nebel, den wir auf der Schlammstrecke nur sehr langsam passieren können. Der eindrucksvolle Palast von König Fasileda zeugt von der Wichtigkeit der Stadt Gonder in früheren Jahrhunderten. Wir können uns aber, trotz eines angenehmen Hotels, nicht lange hier aufhalten.

## Sudan

Tags darauf überqueren wir bei Metama die sudanesische Grenze. Das fruchtbare Hochland bleibt hinter uns. In der Nachmittagshitze warten wir auf das Ende des Gebets und den sudanesischen Zöllner. Etwas überrascht, mit einer Frau Fahrzeugdokumente ausfüllen zu müssen, lässt er uns schnell frei. Die sudanesische Grenzpolizei verlangt aber dann noch unverschämte 130 Euro für die Einreise, trotz Visums, ein klarer Betrug, wie uns am Satellitentelefon von der Konsularabteilung versichert wird. Aber man könne nichts für uns tun und zurück nach Äthiopien geht auch nicht, da wir nur ein bereits ausgestempeltes Einmal-Visum haben. Über Gedaref erreichen wir die Hauptstadt Khartoum, wo blauer und weißer Nil zusammenfließen.

## Die Wüsten Nubiens

Nach anspruchsvoller Pistendurchquerung der Baiyua-Wüste erreichen wir die im heißen Sand versunkenen Pyramiden von Meroe aus dem nubischen Reich von Kush. Nur wenige Touristen verirren sich hierher, und die Regierung verwendet kein Geld für den Erhalt dieser Kulturschätze am Nil. In Abu Dom erreichen wir die neue westliche Asphaltstraße, die aus Khartoum kommt. In Dongola treffen wir sechs Neuseeländer, die seit vier Monaten in Afrika herumreisen. Wir durchqueren mit ihnen zusammen in den nächsten zwei Tagen die Wüste nach Wadi Halfa am Nasser-Stausee. Nur ab und zu sehen wir den Nil zwischen den Sanddünen. Das GPS leitet uns die meiste Zeit auf verzweigten Spuren durch die völlig trockene Sandwüste. Die normale Piste ist durch das Nil-Hochwasser teilweise überspült. In Wadi Halfa warten wir, wie geplant, zwei Tage auf die wöchentliche Fähre über den Nasser-Stausee. Das ist der einzig mögliche legale Übergang in das nördlich liegende Ägypten. Hier drängeln wir uns auf die uralte, versiffte, völlig überfüllte Fähre. Da wir rechtzeitig in Khartoum reserviert haben, dürfen wir das Motorrad mitnehmen. Die Kiwis müssen ihre Maschinen auf einem Frachtponton verladen, das erst später losfährt.

## Unfreundlicher Empfang in Ägypten

Dummerweise kommt das Schiff immer Donnerstagnachmittag in Assuan an. Ein paar Stunden bewache ich das Motorrad, bis sich das Schiff entleert hat. Vorher darf das Motorrad nicht raus. Eingeklemmt zwischen Riesenkoffern und Wand warte ich, bis Claus den ersten

*Vorangehende Doppelseite: Fast unbekannt: Die Pyramiden von Meroe in Nubien sind rund 2300 Jahre alt (Sudan).*

*Linke Seite: Gluthitze in einem Wadi auf dem Weg in die Danakil-Depression (Äthiopien/Eritrea).*

*Rechte Seite: Bizarre Steinformationen und Mineralausblühungen in der Danakil-Depression auf Minus 129 m.*

Satz Zollpapiere erledigt hat. Ab 14 Uhr arbeitet wegen Ramadan der ägyptische Zoll nicht mehr. Freitag ist der islamische Feiertag, Samstag können wir nur die Versicherung und Frachtpapiere erledigen, Sonntag ist auch Feiertag. Montag erst können wir die arabischen Nummernschilder erhalten. Die ägyptische Bürokratie und die arroganten Beamten sind die unangenehmsten, die ich weltweit erlebt habe.

Assuan lohnt aber einen längeren Aufenthalt. Aus unserem Zimmer im »New Cataract Hotel« blicken wir direkt auf den Nil mit den weißen Segelschiffen. Die Wartezeit verbringen wir mit einem Bootsausflug auf dem Fluss und nach Abu Simbel. Im Kontrast zur beeindruckenden Schönheit des Tempels steht das Verhalten der Wächter gegenüber den Touristen. Vor Jahren hätte die ignorante Nasser-Regierung dieses Juwel unter den Wassern des Stausees begraben, wären nicht die deutschen Archäologen und Ingenieure gewesen, die den Tempel gerettet hätten. Heute wird er strengstens bewacht, erweist er sich als wichtige Einnahmequelle. Als ich versuche zu filmen, werde ich aufgrund der Kameragröße wegen fehlender Drehgenehmigung kurzerhand aus der Anlage rausgeschmissen. Im Tempel von Karnak können wir tags darauf die gigantische Architektur der Pharaonen bewundern.

## Konvoizwang

Wir müssen unseren Weg ans Rote Meer im Konvoi, der für alle Touristen verbindlich ist und zweimal am Tag startet, fortsetzen. Wir werden von den mörderisch fahrenden Touristenbussen aus chinesischer Produktion, die innerhalb der Kolonne geisteskrank im Zentimeterabstand überholen, fast umgebracht, trotz begleitendem Polizeifahrzeug. Obwohl 100 Stundenkilometer vorgeschrieben sind, donnert die Kolonne mit 130 Sachen Richtung Hurghada, auch durch geschlossene Ortschaften, wo Kinder am Wegrand spielen. Wer nicht Tempo hält, bleibt zurück und muss auf den nächsten Konvoi warten. Kurz vor Hurghada werden wir von der Radarkontrolle aus der rasenden Kolonne gewunken. Zu schnell. Der Rest der Kolonne donnert ungebremst weiter, das Polizeifahrzeug voran.

## Kairo

Unser Hinterradreifen ist dermaßen abgenutzt, dass das Gewebe und Drähte bereits sichtbar sind. Die zwei Schläuche pro Rad haben uns zwar vor Pannen bewahrt, nicht aber vorm Stollenverschleiß. Mühsam kämpfen wir uns bei hereinbrechender Dunkelheit durch den rücksichtslosen Verkehr von Kairo. Die besseren Hotels nahe den Pyramiden lehnen uns ab, als sie unsere verstaubten Gesichter sehen. Deshalb fahren wir vor zur bewachten Tür des Luxushotels »Mena Haus Oberoi« direkt vor den Pyramiden von Gizeh. Entschlossen winke ich die Wächter ab, die mich aufhalten wollen. Wir bekommen ein orientalisches Luxuszimmer zum günstigen Preis. Tags darauf besuchen wir die berühmte Pyramidenanlage, die als Einziges der sieben Weltwunder übrig geblieben ist. Danach jagen wir mit dem Taxi die ganze Stadt stundenlang nach einem passenden Reifen ab und werden schließlich fündig. Auf der Halbinsel Sinai legen wir einen Zwischenstopp ein. Die Wüste beeindruckt durch ihre Farben und Felsformationen. Das Katharinen-Kloster ist leider geschlossen, wegen Ramadan.

*Linke Seite: Grellfarbig gelbe Schwefelkristalle an den giftigen Dallol-Quellen (Äthiopien).*

*Rechte Seite: Die Simien-Berge im regenreichen Norden bilden eine bizarre Silhouette (Äthiopien).*

*Nächste Doppelseite: Gläubige koptische Christen in Lalibela (Äthiopien; linke Seite oben). Unter unmenschlichen Bedingungen wird in der Danakil-Senke mit der Hand Salz abgebaut (Äthiopien; linke Seite unten). Die junge Nubierin ist überhaupt nicht kamerascheu (Sudan); (rechte Seite oben). Gläubige muslimische Frauen (Syrien; rechte Seite unten).*

## Durch Jordanien, Syrien und die Türkei nach Hause

Wir verlassen den afrikanischen Kontinent, als wir von Nuveiba nach Aqaba nach Asien hinübersetzen. In Jordanien schauen wir uns die legendäre Wüste Wadi Rum an, wo die arabischen Stämme mit Hilfe von Lawrence von Arabien ihre Unabhängigkeit beschlossen haben. Das Weltkulturerbe Petra gehört auch zum Pflichtprogramm. Gut versteckt in einem trockenen Canyon gründeten die Nabatäer eine Stadt im Felsen, und diese Sehenswürdigkeit ist ungemein schön und lohnend und daher auch gut besucht.

Ab hier bleibt uns leider wenig Zeit, um Syrien mit seiner schönen Altstadt von Damaskus und die Türkei zu durchfahren. In Anatolien bekommen wir schon eine Vorahnung, welches Wetter auf uns zu Hause erwartet. Bei Minusgraden durchquert Claus in 17 Stunden das anatolische Hochland bis Istanbul, über 1200 Kilometer am Stück. Wir kämpfen uns noch auf der Balkanroute bei Schnee und eisigen Temperaturen in drei Tagen bis nach Hause durch. Afrika bleibt weit hinter uns zurück.

*Oben: Die Pyramiden am Jebel Barkal wurden als UNESCO-Weltkulturerbe ausgezeichnet (Sudan).*

*Mitte: Unser Taxifahrer in Assuan half uns sehr, durch den Behördendschungel zu finden (Ägypten).*

*Unten: Die Nubierinnen waren neugierig und gar nicht scheu (Sudan).*

*Rechts oben: »Public Transport« – diese uralten LKWs nehmen alles mit: Menschen, Tiere und Waren (Sudan).*

*Rechts unten: Datteltransport in einem nubischen Dorf (Sudan).*

*Nächste Doppelseite: Blick aus unserem Hotelzimmer in Assuan auf die traditionellen Segelboote auf dem Nil (Ägypten; Seite 34 oben). Altnubisches Mausoleum bei Abri am Nil (Sudan; Seite 34 unten).*
*Seite 35 von oben nach unten: Wadi Rum – farbige Kalkkristalle in Petra – fauler Esel – Khazne al-Firaun, Grabtempel in Petra, UNESCO-Weltkulturerbe (Jordanien).*

*Seiten 36 und 37: Nubische Architektur (Sudan).*

2004
2004

## Dokumentation Transafrika Nord

Diese nördliche Afrikadurchquerung von Kenia nach Deutschland im Jahr 2007 war eine der ereignisreichsten und anstrengendsten Reisen, die wir je gemacht haben; sie war zwar sehr gut vorbereitet, aber trotzdem kam vieles anders als geplant und gedacht. Das Konzept war: mit der 2001er-Reise von Kenia nach Kapstadt sollte sich eine Afrika-Komplettdurchquerung ergeben. Die Route führte durch 13 Länder auf drei Kontinenten, quer durch Kenia, Äthiopien, Sudan, Ägypten, Jordanien, Syrien, Türkei, Bulgarien, Serbien, Kroatien, Slowenien, Österreich, Deutschland. Es ging uns darum, etwas von den bereisten Ländern zu sehen. Leider waren wir trotzdem ständig unter Zeitdruck, denn für die Besteigung des Vulkans Erta Ale hatten wir insgesamt neun Tage geopfert. Danach hat uns noch mal die irrwitzige Bürokratie der Ägypter für die Einfuhr unseres Motorrades (trotz perfekt vorbereiteter Papiere) satte fünf Tage gekostet, ein weltweit einmaliger, geradezu bizarrer Vorgang. Im Ramadan muslimische Länder zu bereisen kann nicht empfohlen werden. Dank verfehlter amerikanischer Politik in der Vergangenheit sind wir nur noch lästige, ungläubige Fremde. Die vor Jahren in den muslimischen Ländern Nordafrikas regelmäßig erlebte Gastfreundschaft und Hilfsbereitschaft blieb – mit Ausnahme von Syrien und Nubien – leider weitgehend aus, was wir in Ägypten am stärksten zu spüren bekamen. Nordkenia ist nicht ganz ungefährlich (vorher gut informieren!) und das hochinteressante Äthiopien erfordert wegen der hohen Bevölkerungsdichte, der schlechten Pisten und des wechselnden Wetters besondere Umsicht und Erfahrung.

### Klima und Reisezeit

Wir starteten Ende August und kamen Anfang Oktober nach Hause. Auf der Garageneinfahrt lagen damals bereits zehn Zentimeter Schnee. Wer die Danakil-Senke und die Sahara bereisen möchte, sollte möglichst den Winter wählen, dann ist es dort nicht so brutal heiß. Eine Weiterfahrt nach Europa ist dann allerdings wetterbedingt mit dem Motorrad kaum möglich. Die Hauptregenzeit in Äthiopien ist zwischen Mitte Juni und September, eine kleine Regenzeit gibt es zwischen Februar und März. In den anderen Regionen Afrikas auf dieser Route fällt wenig oder gar kein Regen.

### Anreise und Formalitäten

Erforderlich ist ein Carnet fürs Fahrzeug sowie Visa für die bereisten Länder bis Syrien. Das Visum für Sudan wird nur auf Einladung erteilt, die Gebühren sind recht hoch. Das Motorrad hat die LTU per Luftfracht-Palette zum günstigen Pauschalpreis von München nach Mombasa/Kenia gebracht.

### Unterkunft und Verpflegung

Wo Menschen sind, kann man auch irgendeine Unterkunft finden. Auf dieser Reise waren die Unterkünfte allerdings oftmals wirklich sehr rudimentär, einige Male haben wir auch im Freien campieren müssen. Das Essen ist selten nach unseren Hygieneregeln zubereitet und erfordert Vorsicht, um nicht krank zu werden. Eine robuste Gesundheit ist von Vorteil.

### Literatur und Karten

Unverzichtbar ist die Michelin-Karte 954. Dazu Nelles-Karten und Karten aus dem Reise-Know-How Verlag sowie mehrere zerschnittene und somit gewichtsreduzierte Reiseführer.

### Fahrzeug

Zuverlässige Enduro mit echter Stollenbereifung und gut abschließbarem, geräumigem Koffersystem. Reichweite 500 km oder mehr auf mehreren Strecken empfehlenswert (Äthiopien hat chronisch Benzinmangel, Durchquerung der Nubischen Wüste, einsame Moyale-Strecke mit unsicherer Tankstelle in Marsabit).

### Fotografie

Dabei war die Canon EOS 1Ds Mark II mit 17-40, 24-105 und 100-400 mm Brennweiten. Aufgenommen wurden 3600 RAW-Bilder, die damals auf vier 16-GB-CF-Karten gespeichert wurden. Heute würde Claus noch eine kleine Kamera im Stile einer Canon G11 dazu mitnehmen, um gegebenenfalls unauffälliger und lautlos fotografieren zu können.

# Transafrika Süd

## Steppen, Wüsten und Wildtiere

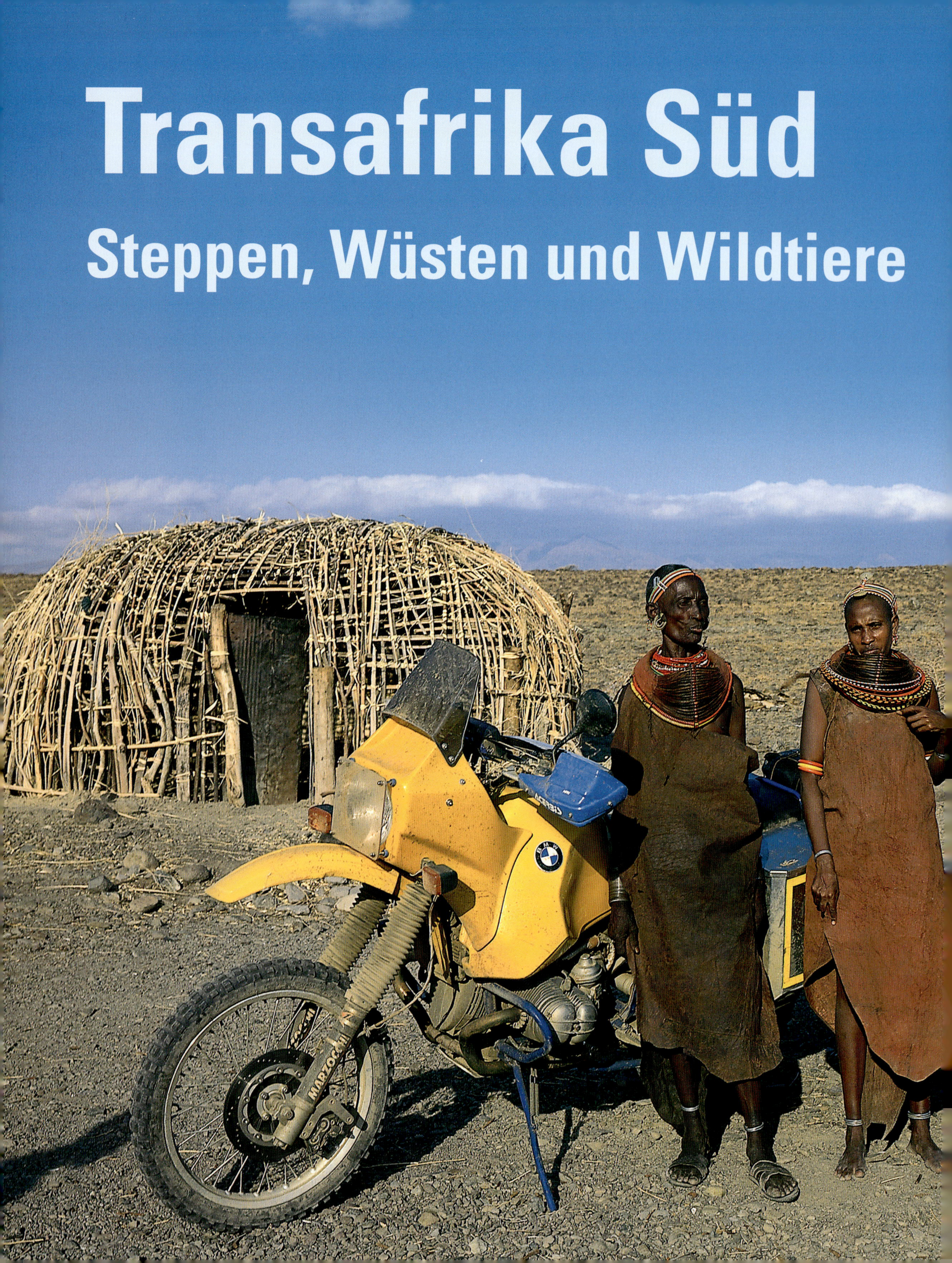

Die Route durch die »schwarze« südliche Hälfte des wildesten Kontinents bietet fantastische Landschaften und seltene Großtiere. Sie ist als Ergänzung der Strecke im vorangehenden Kapitel zu verstehen, da sich so eine komplette Afrikadurchquerung ergibt. Es lagen allerdings sechs Jahre dazwischen. Diese Tour ist ohne Frage die leichtere von beiden, aber trotzdem gespickt mit interessanten Strecken und Erlebnissen. Vom Äquator bis nach Kapstadt, das ist ein unvergessliches Afrika-Erlebnis!

von Claus Possberg

# Durchs schwarze Afrika

Mein Traum, einmal von Deutschland über Nahost ganz Afrika bis Kapstadt zu durchqueren, begann mit diesem sieben Wochen langen Abenteuer 2001. Die zweite Hälfte der Reise war 2007, allerdings in entgegengesetzter Richtung, ebenfalls sieben Wochen (siehe vorangegangenes Kapitel). Wir waren zu dritt, mit meiner Sozia und meinem Freund Michael auf seiner gelben HPN-BMW, ein gutes Team.

## Zum Turkana-See

Nairobi, die Hauptstadt von Kenia ist Chaos, laut, schmutzig. Unseren Startort verlassen wir noch am Tage der Abholung unserer Motorräder aus dem Zoll am Flugplatz. Die Route führt uns zunächst nach Norden auf Schotter- und Sandpisten durch eine unruhige Region. Hier im Norden Kenias gibt es viel Armut und Stammeskriege. Die Versorgung mit Lebensmitteln ist schwierig und Wasser ist knapp. Das bekommen auch wir zu spüren – wir sind auf einheimische Waren angewiesen, für die lange Strecke kann man unmöglich alles mitnehmen. So werden wir in jedem Dorf umringt von Dutzenden Menschen, die die Weißen sehen wollen auf ihren riesigen Motorrädern. Wir fühlen uns wie Außerirdische. Die Menschen sind sehr nett und versuchen, unsere Gesten zu verstehen. Fremdsprachen kann hier keiner – zumindest nicht unsere. Jeder Stamm spricht eine andere – untereinander nicht verwandte – Sprache. Die meisten Menschen können sechs bis acht Sprachen, sonst könnten die verschiedenen Dörfer nicht miteinander Handel treiben. Manchmal führen sie auch Krieg. Das ist seit Jahrtausenden so. Die Welt nimmt keine Notiz davon. Die Strecke wird schwieriger. Lange Schlammpassagen vom letzten Regen machen auf unseren stollenbereiften HPN-BMWs das Fahren mühsam. Dann weiter nördlich wieder Steinpisten mit Geröll im Schuhschachtelformat, scharfkantig und spitz. Nur nicht stürzen, nicht zu schnell und nicht zu langsam werden. Eine Tortur für die Räder. Fast täglich flicken wir die Reifen. Endlich erreichen wir den Turkana-See. Um uns herum ein paar Wüstenakazien und weite Geröllfelder, dann leuchtet der blaugrün schimmernde, größte Wüstensee der Welt vor uns. Bei 50 Grad in der Sonne können wir das Bad gar nicht erwarten, trotz aller Warnungen vor Bilharziose, einem Parasitenbefall durch Saugwürmer, deren Larven sich blitzschnell in die menschliche Haut bohren und in den Blutgefäßen vermehren. Er hat als Wirt eine spezielle Seeschneckenart, die wiederum besonders in Schilfregionen vorkommt, und hier sehen wir kein Schilf. Also hinein – wir planschen bis zum Sonnenuntergang. Einige Einheimische beobachten uns und lachen. Wir sollen morgen in ihr Dorf kommen. Gerne nehmen wir die Einladung an. Mama Langa gibt uns ein Zimmer mit Lehmboden und Decken, wir brauchen nicht mal unser Zelt aufzubauen. Das Essen ist karg, aber wir haben viel Spaß mit unseren Gastgebern. Einer ihrer vielen Söhne führt uns in Dörfer anderer Stämme. Jeder Stamm baut andere Häuser, rund, eckig, aus Schilf, Lehm, Steinen. Die Menschen sind bunt gekleidet und gut aufgelegt, jedenfalls viel besser als bei uns in Europa, trotz der Armut.

## Uganda

Sehr bunt und ausgelassen gibt sich Uganda. Überall treffen wir auf Kinder in ihren lila, blauen oder auch rosa Schuluniformen. Bildung wird ernst genommen hier. Aber wenn so »wilde« Motorradfahrer vorbeikommen, dann fällt für eine ganze Schule schon mal für zwei Stunden der Unterricht aus. Die größeren Kinder und die Lehrer können sogar Englisch. Ihre Schule wird von einer Mission unterstützt. Stolz zeigen sie uns ihr Schulgebäude, das wie ein Schulbuch bemalt ist – wie entsteht eine Sonnenfinsternis – Satz des Pythagoras – chemische Formeln und sogar Aufklärungsunterricht – alles finden wir in farbenfrohen Gemälden auf der Wand der Schule verewigt. Es gibt ungeheuer viele Fahrräder in Uganda. Es sind alte Tourenräder, auf dem schlammigen Boden schwer zu steuern. Immer wieder taumelt uns ein Radfahrer unvermutet über die Piste, mehrfach können wir den Zusammenstoß gerade noch vermeiden. Am weißen Nil, im Norden Ugandas, gibt es einen kaum bekannten Nationalpark, den Kabalega-Park. Hier ist sogar das Durchfahren mit dem Motorrad erlaubt. Wir queren den Park querfeldein in angemessenem Tempo und sehen eine Unzahl wilder Tiere, Gnus, Gazellen, Zebras, Nilpferde, Affen, Krokodile usw. Ein echtes Erlebnis und unvergleichlich zu den sonst z.B. in Südafrika oder Tansania üblichen »Safaris«, wo Touristengruppen mit vor dem Bauch baumelnder Kamera auf offenen Jeeps täglich auf den gleichen Wegen herumgekarrt werden. Die

*Vorangehende Doppelseite: In einem entlegenen Rundhüttendorf am Turkanasee (Kenia; großes Bild). Ein »Silberrücken« der seltenen Berggorillas (Kongo; kleines Bild).*

*Linke Seite: Auf einer abgelegenen Geröllpiste geht es zum Turkanasee (Kenia).*

*Oben: Reifenflicken: Die Geröllpisten fordern ihren Tribut (Kenia).*

*Unten: Schlammpiste am Albertsee (Uganda).*

300 Kilometer lange Schlammpiste von hier nach Fort Portal am Ruwenzori-Gebirge hat es in sich. Wir sind völlig fertig, als wir schon bei Dunkelheit dort eintreffen.

## Über den Viktoriasee nach Tansania

Der Viktoriasee ist der größte See Afrikas. Er trennt Uganda von Tansania. Wegen der Unruhen im Süden Ugandas wollen wir den Weg über den See nehmen. Wir heuern auf einem Bananenfrachter an. Einen halben Tag dauert es, den Frachter zunächst mit unseren beiden Motorrädern mit einem rostigen Kran und anschließend noch mit einer fünf Meter hohen Schicht aus Bananenstauden zu beladen. Die Motorräder werden völlig unter den Bananen begraben! Die Überfahrt nach Mwanza in Kenia, die das südliche Fünftel des Sees quert, dauert 14 Stunden, und noch mal sechs Stunden bis die Bananen abgeladen sind und unser Motorrad mit Seilen wieder an Land gehievt werden kann. Leider ist das Durchfahren des Serengeti-Nationalpark auf der Hauptstraße für Motorräder streng verboten, sodass wir den rund 700 Kilometer langen brutalen Geröllweg südlich davon nehmen müssen. Es gibt keinerlei Versorgung auf dem Weg. Hier macht es sich wirklich bezahlt, dass unsere Motorräder riesige Tanks mit 45 Liter haben. Wir können den Weg in drei harten Tagen bewältigen. Zwölf

*Oben: Auch sandige Wadis müssen durchquert werden (Kenia).*

*Mitte: Mama Langa mit ihren vielen Kindern (Kenia).*

*Unten: Morgens gefangen, mittags zu kaufen: Fische aus dem Malawi-See (Malawi).*

*Rechte Seite: Ein jugendlicher Massai muss erst einige Jahre als Krieger verbringen, um als Mann zu gelten (Kenia).*

*Nächste Seiten: Flusspferde in den Stromschnellen des »Albert-Nils«, der sich später als »Weißer Nil« mit dem »Blauen Nil« in Khartoum vereinigt (Uganda; linke Seite oben). Zebras im Murchison-Falls-Nationalpark, den wir sogar mit dem Motorrad durchqueren konnten (Uganda; linke Seite unten). Junge Löwinnen im Queen-Elizabeth-Nationalpark (Uganda; rechte Seite oben). Elefantenfamilie im Murchison-Falls-Nationalpark (Uganda; rechte Seite unten).*

Stunden Fahrt täglich, mit etlichen Reifenpannen. Bei Arusha erreichen wir etwas Besonderes: eine richtige Teerstraße. Sie führt direkt am Kilimandscharo vorbei, dem höchsten Vulkan Afrikas und beliebtes Fotoobjekt. Uns bleibt die Sicht durch dichte Wolken am Gipfel aber leider versperrt. Wir folgen daher der bequemen Teerstraße bis an den Indischen Ozean und fahren hier am feinen weißen Sandstrand entlang. Kein Tourist scheint bisher diese endlosen Traumstrände entdeckt zu haben!

## Malawi und Sambia

Durch die Maasai-Steppe geht es weiter nach Malawi, ein unbekanntes Land Schwarzafrikas mit einem wundervollen See von 1000 Kilometer Länge. Auch hier kann man fantastisch baden oder die Fischer bei der Arbeit beobachten. Malawi gehört zu den schönsten Ländern Afrikas. Ein echter Geheimtipp. Von Malawi geht es weiter nach Sambia, ein sehr großes Land mit Kupfervorkommen, daher auch nicht so arm. Ein Highlight in Sambia ist der South-Luangwa-Nationalpark. Hier campen wir bei der »Flatdog Lodge« in der Nähe des Luangwa-Flusses. Es gibt ungeheuer viele große Tiere hier. Flusspferde trampeln nachts zwischen unseren zwei Zelten durch, nur drei Meter entfernt. Glück gehabt – ich hab's verschlafen, aber mein Freund Micha ist aufgewacht, und ihm ist fast das Herz stehen geblieben. Das bleibt auch mir am nächsten Tag stehen, als ich mich an eine Elefantenherde ranschleiche (zwecks Fotos) und der Bulle plötzlich auf mich aufmerksam wird. Unglaublich, wie dieses tonnenschwere, riesige Tier plötzlich die rund 20 Meter hohe, steile schlammige Böschung raufspringt und mir nachsetzt. Ich kann mich gerade noch ins Gebüsch retten und auf einen Baum springen. Das war dem Elefanten dann zu blöd, und er trabt wieder zu seiner Herde. Unsere Motorräder begegnen südlich des Parks auf einer schmalen Waldpiste noch etlichen Elefanten. Wir haben jedes Mal einen Heidenrespekt, schalten den Motor aus und warten teilweise geduldig Stunden, bis die Tiere weiterziehen.

## Ein Plattfuß mit Sturzfolge

Mit Sambia verbindet sich auch ein unangenehmes Erlebnis: Bei rund 110 Stundenkilometern löst sich einer der zahlreichen Flicken vom Schlauch meines Vorderrades. In wenigen Sekunden ist der Reifen völlig platt. Es gelingt mir nicht, das Motorrad zum Stehen zu bekommen, ich stürze heftig. Ergebnis: Ventildeckel aufgeschliffen, Öl spritzt raus, Bremsflüssigkeitsbehälter aufgeschliffen, entleert sich, Alukoffer abgefräst, handtellergroße tiefe Fleischwunden am Unterarm, Kombijacke total zerfleddert, Helm angeschliffen. Aber – etwas benommen können ich und meine Sozia aufstehen. Die Schadensanalyse: Die Reise sollte weitergehen können. Also halten wir den nächsten Lkw an, schicken ihn in den Straßengraben, graben einen Erdhaufen als Rampe zum Aufladen und hieven das Bike hoch. Das nächste Dorf bietet uns Unterkunft. Aus Kaltmetall, alten Coladosen usw. formen wir uns Ersatzteile für den total durchgeschliffenen Ventildeckel und die abgefräste Kofferecke. Meine Wunde wird von mir selbst »fachmännisch« verbunden und mit Antibiotika-Gaze aus meinem Erste-Hilfe-Set versorgt. Es geht weiter! Alles tut mir weh, aber meine bewährte BMW fährt wieder.

## Mit Militäreskorte

Wir besichtigen jetzt noch die Viktoriafälle in Simbabwe und den Chobe-Nationalpark in Botswana. Von hier geht es über die Grenze nach Namibia. Die Weiterfahrt durch den Caprivi-Zipfel ist zunächst nicht möglich, wir müssen auf eine Militäreskorte warten. Die nächsten paar Hundert Kilometer werden wir begleitet von rund 20 Soldaten auf zwei Pickups mit montiertem schwerem Maschinenge-

## Dokumentation Transafrika Süd

Afrika ist nicht Europa, hier gehen die Uhren völlig anders, darauf muss man sich einstellen. Die bereisten Länder gehören zu den sichersten Afrikas, sofern man das sagen kann, und bieten eine ungeheure Vielfalt an Landschaft und Tierreich. Die Menschen sind trotz Armut fröhlich und hilfsbereit. Mit Englischkenntnissen kommt man im südlichen Afrika zurecht.

### Klima und Reisezeit

Wir waren von Ende Juli bis Anfang September außerhalb von Regenzeiten unterwegs. Die Wüsten Nordkenias und in Tansania südlich des Viktoriasee waren sehr heiß, regelmäßig über 40 Grad. In Südafrika war es deutlich kühler, hier hatten wir auch den einzigen Regentag.

### Anreise und Formalitäten

Per Luftfracht hatten wir das Motorrad nach Nairobi/Kenia und von Kapstadt wieder heimtransportieren lassen. Mit den Behörden und an den Grenzen kommt man mit ein bisschen Geduld klar. Für fast alle Länder war ein Visum erforderlich, außerdem ein Carnet für das Motorrad.

### Unterkunft und Verpflegung

Die 13 800 Kilometer lange Strecke ging auch immer wieder durch unbewohnte Steppen- und Wüstengebiete, somit war ein Zelt erforderlich. Entlang der Hauptrouten findet man immer wieder auch einheimische Herbergen, wie sie z.B. von Lkw-Fahrern benutzt werden. Sie sind sehr einfach und schmutzig, Verpflegung kann man überall kaufen, wo Menschen sind. In Namibia und Südafrika, aber auch in Kenia und Tansania findet man mitunter auch Unterkünfte, die Ansprüche ausländischer Gäste erfüllen.

### Literatur und Karten

Ich hatte etliche Reiseführer zerschnitten, um Gewicht zu sparen. Einen einzelnen, länderübergreifenden Reiseführer, der meine Bedürfnisse abgedeckt hätte, gab es nicht. Dazu die Michelin-Karte 955, die die ganze Tour abdeckt und einige Länderkarten von Nelles und IGN. Heute gibt es bessere Karten als damals, u.a. auch in digitaler Form von tracks4africa.com für Garmin-Navis.

### Fahrzeug

Zuverlässige Enduro mit Endurobereifung und gut abschließbarem, geräumigem Koffersystem. Reichweite von 500 Kilometern empfehlenswert (für Nordkenia und die Strecke südlich Serengeti).

### Fotografie

Ich habe mit meiner analogen Mittelformatsucherkamera Mamiya 7 und den Brennweiten 43, 80 und 150 mm fotografiert und rund 60 Filmrollen zu je 20 Aufnahmen belichtet.

wehr. Das soll die Rebellen, die aus Südangola immer wieder hier eindringen, abschrecken. Wir dürfen nicht stehen bleiben oder den Konvoi verlassen. Nicht mal zum Pinkeln. In Rundu endet der Konvoi und wir dürfen wieder alleine weiterfahren. Namibia, das ehemalige Deutsch-Südwest, ist voller Relikte aus der Kolonialzeit. Farmen, deutsches Bier, deutsche Namen, alles erinnert an damals. Es gibt die fantastische Namibwüste, die Skelettküste mit Robben und Flamingos. Das Land alleine ist eine separate Reise wert – siehe Kapitel 1. Schließlich queren wir die Grenze nach Südafrika. Es wird schlagartig alles grün, es fängt an zu regnen und wird bitter kalt. Kapstadt ist wunderschön, wir besuchen das Kap, freuen uns, dass wir es bis hierher geschafft haben! Die Reise ist zu Ende, Motorrad und wir nehmen den Flieger.

*Linke Seite: Langhornrinder sind der Stolz ihrer Besitzer, hier bei Fort Portal (Uganda).*

*Oben: Halt unter einem der riesigen, viele Kubikmeter Wasser speichernden Baobab-Bäume (Tansania).*

*Unten: Manche Elefanten reagieren sehr aggressiv auf Motorräder (Botswana).*

*Nächste Doppelseite: Serengeti-Stimmung. Typisch sind die Schirmakazien (Acacia tortilis), deren Dornen eine Gefahr für jeden Reifen darstellen (Tansania).*

# Landschaften Nord

## Wüsten im wilden Westen

# amerikas

*Weite Teile dieses Kontinents durchziehen eindrucksvolle Naturlandschaften, und überall trifft man auf gastfreundliche Menschen. Die Tour konzentriert sich vor allem auf die Naturwunder Nordamerikas, von denen die meisten im Westen liegen. Die Entfernungen sind sehr groß, aber der Kontinent ist hervorragend erschlossen. Genießen Sie die berühmtesten Nationalparks der USA, Mexiko und Kanadas. Eine meiner ersten Reisen auf einem fremden Kontinent.*

*von Claus Possberg*

# In die neue Welt

Das Flugzeug hat uns 1989 nach Vancouver, an der Ostküste Kanadas, gebracht. Unsere BMW R80 G/S Dakar habe ich mit einem riesigen Kofferaufbau versehen, der zusammen gut 230 Liter Volumen bietet. Da kann man schon eine Menge Hausrat und Campingzeug einpacken, viel mehr, als ich heute jemals brauchen würde. Es regnet und ist ziemlich kalt, sodass wir gleich Richtung Süden die Grenze zu den USA überqueren. Wir passieren die vom kürzlich ausgebrochenen Mount St. Helens verwüstete Landschaft und folgen der wilden Oregon-Küste. Ein kurzer Abstecher zum Crater Lake führt uns in die Berge, in tief verschneite Landschaften. Wieder an der Küste queren wir die eindrucksvollen Redwood-Wälder mit gigantischen Bäumen. So groß, dass sogar die Straße durch ein Loch im Stamm hindurchgeführt wurde, um den Baum nicht fällen zu müssen. In Kalifornien ist es jetzt schon richtig warm, die Straße heißt jetzt No. 1 und führt uns direkt über die berühmte Golden Gate Bridge nach San Francisco.

## Die Nationalparks

Wir überqueren jetzt das Gebirge (Sierra Nevada) über den 2933 Meter hohen, mit Schneematsch bedeckten Sonora-Pass. Dahinter breitet sich eine karge, dünn besiedelte Landschaft aus. Wir besichtigen den Mono Lake und den berühmten Yosemite-Nationalpark, den Kings Canyon und den Sequoia-Nationalpark mit den uralten Riesenbäumen, die einen Stammumfang von über 30 Meter erreichen können. Es ist nun nicht mehr weit nach Los Angeles, einer zersiedelten Riesenstadt, die uns ziemlich enttäuscht.

## Baja California

Hinter San Diego überqueren wir die Grenze nach Mexiko. In der Millionenmetropole Tijuana, deren Einwohnerzahl niemand genau kennt, wird sehr auffällig mit Organtransplantationen geworben. Eine neue Niere ist hier für die amerikanischen Kunden billig zu haben. Wo die Organe herkommen, will keiner wirklich wissen – zu viele arme Straßenkinder gibt es hier. Es gibt auch sehr viele betrunkene amerikanische Jugendliche, denn nach dem Alter der Konsumenten fragt hier niemand. Wir fahren noch ein Stück durch die Baja California, eine eindrucksvolle Wüstenlandschaft, und kehren in die USA zurück, vorbei an einer fast unüberwindbar erscheinenden, militärisch gesicherten Grenze.

## Death Valley, Las Vegas und der Grand Canyon

Das Tal des Todes ist eigentlich schon wegen Sommerhitze geschlossen, wir probieren es trotzdem. Es ist extrem heiß, und da das einzige Hotel ebenfalls geschlossen ist, müssen wir bei einer Nachttemperatur von 35 Grad kampieren. Die Landschaft ist wirklich wie von einem anderen Stern, aber nichts wie raus hier. Wir erreichen Las Vegas, das damals noch recht überschaubare Wüstenkaff, und können uns an den billigen Buden mal wieder richtig satt essen. Von hier geht es weiter ins Feuertal (Valley of Fire) mit den eindrucksvoll orangefarbenen Felsformationen, durch den Zion-Nationalpark zum Bryce Canyon mit seinen zahllosen roten Felssäulen. Ich finde ihn noch viel schöner als den Grand Canyon, den wir kurz vorher gesehen hatten. Mein Favorit ist der Arches-Nationalpark mit den spektakulären riesigen Felsentoren, wo wir eine ausgiebige Wanderung machen.

## Utah, Arizona und New Mexico

Wir besichtigen den Cliff Palace im Mesa Verde (eine Indianerfestung an einer Felswand) und durchqueren das Monument Valley in Utah, eine Landschaft, die man schon in zahllosen Western gesehen hat und die von den Navajo-Indianern selbst verwaltet wird. Ein Sonnenaufgang, aus dem eigenen Zelt über den Felsmonumenten beobachtet, ist ein unvergessliches Erlebnis. Wir folgen jetzt dem Apache Trail nach Tucson/Arizona und durchqueren den Saguaro-Nationalpark, eine unglaubliche Wüstenlandschaft mit bis zu 20 Meter hohen Säulenkakteen, die ihre Arme weit ausbreiten – jeder kennt sie aus den klassischen Western. Weiter östlich im Bundesstaat New Mexico durchqueren wir die weiße Sandwüste, werden aber plötzlich durch Blinklichter und ein Schild gestoppt: »White Sands Missile Range«, das

*Vorangehende Doppelseite: Im Saguaro-Nationalpark mit seinen typischen, bis 15 Meter hohen und acht Tonnen schweren Kandelaberkakteen (Arizona; großes Bild). Monument Valley mit West Mitten Butte (Utah; kleines Bild).*

*Linke Seite: Aussicht auf die berühmte Golden Gate Bridge und San Francisco.*

*Oben: Die Horseshoe Bend des Colorado Rivers, bekannt aus zahllosen Western (Arizona).*

*Unten: Im Joshua-Tree-Nationalpark mit den auffälligen, großen Yucca-Bäumen (Südkalifornien).*

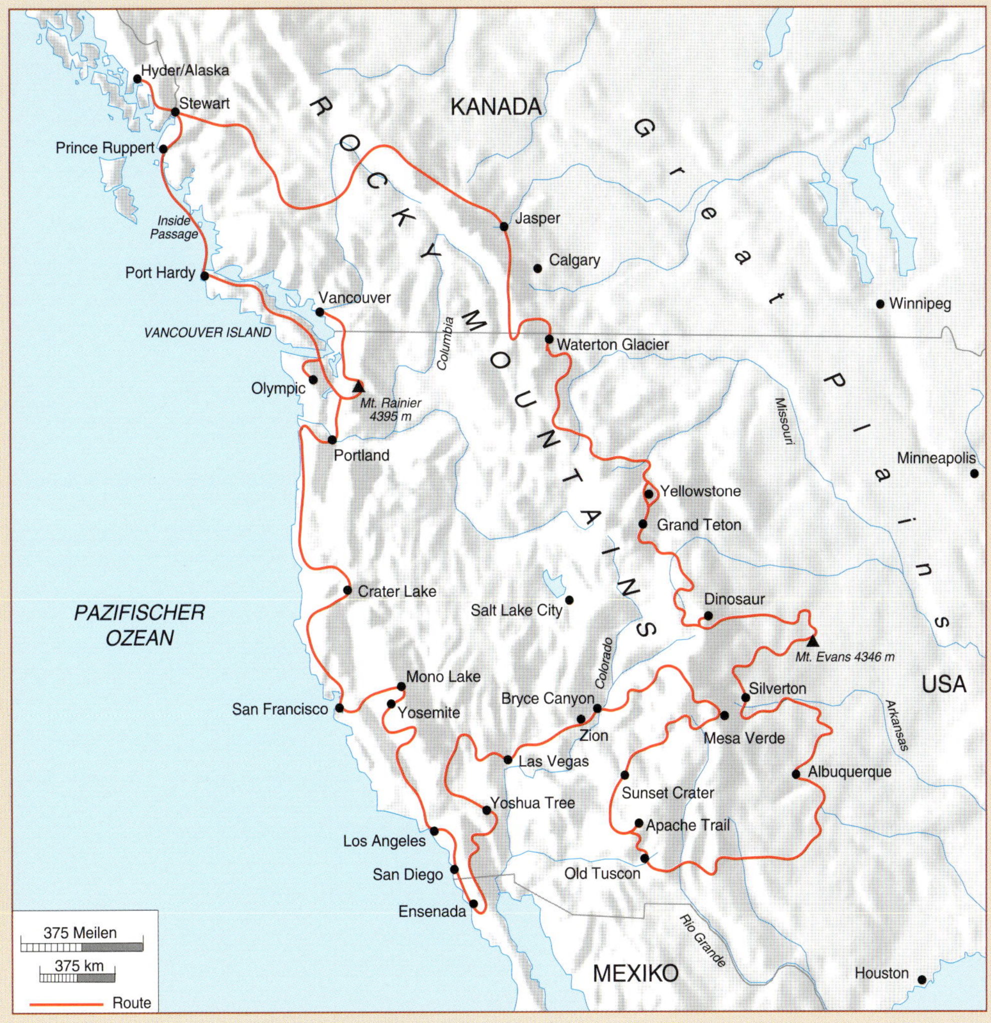

### Dokumentation Nordamerika

Diese siebenwöchige Reise fand Mai bis Juli 1989 statt. Die Tour war meine erste in Nordamerika und auch gleichzeitig bisher meine längste überhaupt. Wir sind fast 21 000 Kilometer von Kanada bis Nordmexiko und im Westen wieder hinauf bis Alaska und zurück nach Vancouver gefahren. Die Strecken dort sind zwar lang, aber die Straßen regelmäßig sehr gut, es sind hohe Schnitte möglich – zumindest damals wurde das Speed-Limit auf den einsamen geraden Highways nicht so eng gesehen. Die 400 bis 500 Kilometer täglich waren kein Problem. Sie waren leicht zwischen 8 und 12 Uhr vormittags zu fahren, um dann nachmittags z.B. einen Nationalpark oder eine Stadt anzusehen. Fast alle Strecken (mit Ausnahme einiger Pisten in den Nationalparks, die wir bereist haben) sind praktisch kurvenfrei und sehr breit asphaltiert, sogar in den Bergen. Die Nationalparks im Westen der USA gehören zu den attraktivsten Wüsten- und Naturlandschaften, die ich kenne.

### Klima und Reisezeit

Aufgrund der großen Nord-Süd-Ausdehnung der Reiseregion gibt es sehr unterschiedliche Klimazonen. Kanada ist kühl bis gemäßigt, die Westküste der USA regenreich mit eindrucksvollen Küstenwäldern aus riesigen Baumgiganten. Weiter landeinwärts, durch hohe Berge getrennt, finden sich steppen- bis wüstenartige Landschaften, sogar mit Sanddünen, trockenen Felswüsten mit riesigen Erosionstälern. Die Baja California in Mexiko, deren Nordteil wir ebenfalls bereist haben, hat ein reines Wüstenklima. Die Temperaturen schwankten zwischen einigen Graden über null in Kanada und Alaska und über 50 Grad im Death Valley sowie in der Sonora Desert.

### Anreise und Formalitäten

Für die Einreise in USA ist eine Online-Anmeldung erforderlich. Es wird sehr gründlich kontrolliert. Für die auf ein Jahr befristete Mitnahme des eigenen Motorrads braucht man die üblichen Frachtpapiere, internationaler Fahrzeugschein und eine Versicherung. Manche deutsche Kfz-Versicherungen machen das auf Anfrage (früher z.B. Allianz Hamburg) oder Spezialagenturen wie Nowag Versicherungen in Wiesbaden oder Tour-Insure in Hamburg. Der Grenzübertritt nach Kanada ist problemlos, für Mexiko ist an der Grenze eine extra Haftpflichtversicherung abzuschließen.

### Unterkunft und Verpflegung

USA und Kanada waren für uns damals sehr teure Reiseländer, daher verpflegten wir uns aus Supermärkten und haben, wo es ging, unser Zelt aufgeschlagen. Das ist vor allem in den Nationalparks, wo die Campingsites vorbildlich angelegt sind, eine fantastische Sache. Natürlich sind jede Menge Hotels und Motels aller Qualitätsstufen verfügbar. Die Preise entsprechen heutzutage, dank des günstigen Dollarkurses, denen in Europa. Da ein Großteil der Amerikaner Junkfood zu sich nimmt – und die ungesunde Ernährung sieht man ihnen auch an –, sind die diesbezüglichen Kettenrestaurants überall anzutreffen. Das Essen dort ist qualitativ schlechter als bei gleichnamigen Betrieben in Deutschland. Vernünftige Restaurants dagegen sind teuer und oft voll. You get what you pay for ...

### Literatur und Karten

Es gibt reichlich Reiseführer, daher ist es sinnlos, hier eine Empfehlung auszusprechen, da es viele verschiedene Regionen mit eigenen Führern gibt. Dazu den USA-Straßenatlas von Rand McNally, den man dank Spiralbindung für den Tankrucksack leicht zerlegen kann. Alternativ z.B. die Karten aus dem RKH Verlag (world mapping project), die auf wasserfester Folie gedruckt sind.

Raketentestgelände. Wenn Flugkörper unterwegs sind, muss man hier warten, bis die Warnung erlischt. Unweit von hier wurde im Rahmen des Manhattan-Projekts 1942 die erste Atombombe getestet. Nördlich von hier erreichen wir Albuquerque, Santa Fe und Taos Pueblo mit seiner indianischen Vergangenheit und der typischen Architektur im Pueblo-Stil. Ein Stück weiter besuchen wir riesige Sanddünen, die wir eher in der Sahara vermutet hätten, bevor wir die Wüste verlassen. Der Übergang in bergige, bewaldete Regionen ist recht abrupt.

## Colorado, Yellowstone, Kanada und Alaska

Im Norden Colorados erreichen wir die mit 4307 Metern höchste (damals noch nicht asphaltierte) Straße Nordamerikas. Ein Schneesturm herrscht hier oben, und es hat etliche Minusgrade, aber solche Punkte lasse ich nie aus. In Wyoming, dem bevölkerungsärmsten Bundesstaat, durchqueren wir den Grand-Teton-Nationalpark mit seiner Landschaft, die fast wie die Nordschweiz wirkt, und erreichen den riesigen Yellowstone-Nationalpark. Der Park ist vor allem für seine geothermischen Quellen wie Geysire und Schlammtöpfe sowie für seine Wildtiere wie Bisons, Grizzlybären und Wölfe bekannt. Entlang der Rocky Mountains reisen wir weiter nach Kanada durch die grünen Banff- und Jasper-Nationalparks. Es ist kühl geworden, hin und wieder leisten wir uns eine Lodge, um nicht im Zelt frieren zu müssen. Schließlich überqueren wir die Grenze nach Alaska, fahren weiter nach Hyder. Der Bear Glacier, den wir passieren, präsentiert sich stilecht mit einem Braunbären drauf. In Prince Rupert nehmen wir die Fähre entlang der Inside Passage, die durch eine fjordartige Landschaft an der Küste British Columbias führt, nach Port Hardy, im Norden von Vancouver Island. Der Hauptort auf dieser Insel ist Victoria, das noch britischer aussieht als das Mutterland. Von hier geht es nochmals in die USA, in den regenreichen Olympic-Nationalpark mit seiner tollen Naturlandschaft und zurück in das fast britisch wirkende Vancouver in Kanada, wo wir gestartet waren.

### Fahrzeug

In den USA ist das Angebot an Mietmaschinen so groß, dass hier jeder im Internet das Passende finden und damit glücklich werden kann. Eine Enduro ist nur dann nötig, wenn man die – natürlich auch vorhandenen – zahlreichen Trails fahren will. Für eine große USA-Reise kommt aber eher eine mehrzylindrige Reise-Enduro oder Tourenmaschine in Betracht, um die großen Entfernungen auf den guten Straßen bequem abspulen zu können. Wir haben damals scharf kalkuliert und wegen des günstigen Lufttransport-Angebots durch die Wardair (inzwischen an die Canadian Airlines verkauft) für die geplanten sieben Wochen unsere eigene BMW im gleichen Flieger mitgenommen, was sich als völlig problemlos erwies. Die Abfertigung in Vancouver/Kanada war vorbildlich schnell und zuvorkommend.

### Fotografie

Ich habe damals mit meiner analogen Kleinbild-Spiegelreflex vom Typ Pentax LX mit den Brennweiten 17, 35, 85, 200 und einer 500-mm-Spiegeloptik auf Kodakchrome 25 und Ektachrome 200 fotografiert. Diese wunderschöne mechanische Kamera habe ich mir als Andenken bis heute aufgehoben. Das Kodakchrome-Filmmaterial gibt es schon lange nicht mehr.

*Linke Seite oben: Nach der Brandkatastrophe im Yellowstone-Nationalpark (Wyoming).*

*Linke Seite obere Mitte: Die Great Sand Dunes sind mit bis zu 230 Meter die höchsten Dünen Nordamerikas (Colorado).*

*Linke Seite untere Mitte: Einer der Geysire im Yellowstone-Nationalpark (Wyoming).*

*Linke Seite unten: Der stete Wind erzeugt Muster im Sand, Great Sand Dunes (Colorado).*

*Oben: Der Bow River im Banff-Nationalpark (Kanada).*

*Nächste Doppelseite: Die Piste führt durch eine Erosionslandschaft (Nevada; linke Seite oben). Der Landscape Arch ist mit 92 Meter Spannweite einer der größten Bögen der Welt (Utah; linke Seite unten). Morning Glory Pool im Yellowstone-Nationalpark (Wyoming; rechte Seite oben). Die Great Sand Dunes sind inzwischen auch ein Nationalpark (Colorado; rechte Seite unten).*

# Die Anden

## Wüste im Hochgebirge

Diese Reise führt entlang der Andenkämme von Ecuador nach Chile durch verlassene, wilde Gebirgswüsten. Am Äquator starten wir in Ecuador, durchqueren Peru mit seiner eindrucksvollen tropischen Gebirgslandschaft und zahlreichen Artefakten aus der Inka- und Prä-Inkazeit. Einer der Höhepunkte, fahrerisch und navigatorisch auch nicht ganz anspruchslos, war die Durchquerung des bolivianischen Altiplano mit seinen riesigen Salzpfannen und kalten Hochwüsten.

von Anna Possberg

# Immer die Berge entlang

An einem kalten Februarmorgen heben wir in Richtung Südamerika ab. Trotz der imposanten Größe des Langstrecken-Airbus fühle ich mich wie eine Masthenne in der Legebatterie. Besonders schlimm sieht es bei Claus aus. Seine Beine reichen bis auf den Mittelgang, als permanentes Hindernis für die Stewardess. Angekommen in Quito müssen wir erst mal diese speziellen Lithiumbatterien für Claus' Digitalkamera suchen. Angeblich aus Sicherheitsgründen wurden sie aus dem Fluggepäck entfernt. Die luxuriöse Vegetation Ecuadors verlassen wir innerhalb von fünf Tagen. Vor uns breitet sich die trockenste Gegend der Erde aus: der Wüstenstreifen am Pazifischen Ozean, vom Norden Perus bis zur Mitte Chiles. Die nächsten Wochen begleiten uns nur Sanddünen und die verdorrten Berge der Westanden.

## Einreise nach Peru

Am ersten März überqueren wir die lebende Grenze zu Peru bei Huaquillas. Lebend, weil sich entlang der Straße unzählige Pappbuden mit schreienden Händlern zwischen bunten Kleidern aneinanderreihen. Deshalb übersehen wir auch das Zollamt und müssen wieder zurückkehren, als wir merken, dass wir bereits in Peru sind. Das Rennen zwischen Schaltern und Beamten geht los. Ich schaffe sogar einen Rekord: Die Ausfuhrerlaubnis für das Motorrad dauert nur zwei Stunden. Durch Menschenmassen und Verkaufstheken dürfen wir uns endlich auf der Brücke nach Peru durchschlängeln. Der peruanische Zöllner gibt sich unkompliziert mit einem kleinen Beitrag für sein Wohl zufrieden, sodass wir innerhalb von 15 Minuten frei für die Weiterreise sind. Die einzige Bedingung für den reibungslosen Übergang: Beamten-Spanisch, das ich zum Glück beherrsche.

## Die Küstenwüste

Die Skorpione in der Dusche und die Bettwanzen holen uns in die Realität: Wir sind in der Wüste Perus! Wasser wird hier in Tanks vom Weiten gebracht und für relativ viel Geld an die arme Bevölkerung verkauft. Es geht durch trockene, heiße und staubige Sandsteinfelsen-Landschaften. Aber die Wüste hat ihren besonderen Reiz. Kurz vor dem Dorf Colan entscheidet sich Claus für eine Abkürzung, und wir verlassen die fade Panamerikana. Die Straße verwandelt sich schnell in Spuren im tiefen Sand, die vor einer Fußbrücke aufhören. Mithilfe der Einwohner schleppen wir das Motorrad die Brückentreppen hinauf. Dahinter versperren uns riesige Dünen die Sicht aufs Meer. Claus will das Fahren auf der Salzpfanne ausprobieren, und prompt brechen wir bis zu den Alukoffern in der braunweißen Schlacke ein. Welch schweißtreibende Arbeit, bei 40 Grad Celsius die fast 200 Kilogramm schwere HPN-BMW aus dem festen Schlamm zu befreien! Überrascht entdecken wir, dass in dieser lebensfeindlichen Gegend, wo nur die Geier unsere ständigen Begleiter sind, ein Dörfchen überlebt hat. Dort erholen wir uns bei leckerem Fisch und saftiger Ananas von den Strapazen des Weges. Im Nachbardorf Paita übernachten wir im Hafen mit dem Flair von alten Fischerkanus.

## Die Chimú-Kultur

Bis Lambayeque unterbrechen nur ärmliche Dörfer die monotone Wüste. Die zwei Museen der Stadt, Brünning und die Königlichen Gräber von Sipan, lohnen einen Besuch. Hier erfahren wir von der alten Kultur der Moche-Indianer, die vor dem Inkareich zur Blüte kam. Die Mondgottheit, der periodische Nino, der alle sieben Jahre Unheil anrichtete, die genialen Bewässerungsanlagen, der Reichtum und die Religion des Chimú-Reiches – alles würde ohne diese Museen in Vergessenheit geraten, mitten in dieser trostlosen Wüste. Am gleichen Tag erreichen wir die Ruinen von Chan Chan. In der Nachbarschaft, im Surferdorf Huanchaco freuen wir uns über unseren ersten romantischen Sonnenuntergang in Südamerika. Die Besichtigung der Adobe-Ruinen der alten Chimú-Hauptstadt ist interessant. Auf einem riesigen Areal warten noch etliche Pyramiden darauf, aus dem Sand freigelegt zu werden.

*Vorangehende Doppelseite: Der Salar de Uyuni ist mit 12 000 km² der größte Salzsee der Welt (Bolivien; großes Bild). Die strickenden Jungen von Taquile, einer Insel im Titicaca-See (Peru; kleines Bild).*

*Linke Seite: Die Halbwüste des südlichen Altiplano (Bolivien).*

*Oben: Ein Erdrutsch hatte die Piste an vielen Stellen weggeschwemmt (Ecuador).*

*Unten: Schieben durchs Eiswasser des Altiplano in 4500 Meter Höhe (Boliven).*

## Die Cordillere

Im grünen Santa-Tal biegen wir ab in Richtung Cordillera Negra (das schwarze Gebirge), das sich bereits nach wenigen Kilometern zum schroffen Cañon del Pato (die Entenschlucht) verengt. Schwindelerregend schlängelt sich die enge Passstraße die steilen Felsen entlang. Im Llanganuco-Nationalpark raubt uns die wilde Andenlandschaft schier den Atem. Zwischen Schlamm- und Steinpisten erhebt sich majestätisch der schneebedeckte Huascarán (6768 m). An der Laguna Parón verbringen wir viel Zeit mit Fotos und bloßem Betrachten dieser grandiosen Gletscherkulisse. In Chavín de Huantar hoffen wir, die älteste Siedlung Perus zu besichtigen. Leider ist die Straße unterbrochen und wir fahren weiter nach La Union durch den Nationalpark Huascarán. Angepasst an die trockenen klimatischen Bedingungen wachsen hier riesige endemische Ananaspflanzen, die Puya Raymondii. 100 Jahre wachsen sie, um einen einzigen gigantischen Blütenstand zu bilden und dann abzusterben.

## Über den Wolken durch die Anden

In der Gebirgsstadt La Union teilen wir uns den Komfort von Gemeinschaftsbad und Baracken mit den Bergarbeitern der Silberminen. Wer sich die Wüste bloß als einen heißen Ort vorstellen kann, lernt die schneidend kalte, dünne Luft der Anden kennen. Aber in wenigen Stunden erreichen wir am nächsten Tag den Smog von Lima. Die Abgase verbrennen unsere Atemwege, und das ständige Hupkonzert macht uns fast taub. Lima bietet nichts Schönes, bis auf den renovierten Hauptplatz. Vier Blocks weiter versinkt die Stadt in einem Meer an Slums. Um aus der Stadt zu entkommen, müssen wir eine 22 Kilometer lange Hölle aus Ruß durchqueren – unsere Gesichter sind so schwarz wie die eines Schornsteinfegers. Wieder oben in den Anden folgen wir der südlichen Route Richtung Cusco, auf engen Erdstraßen oberhalb der Wolken. Die vielen Unfälle und verschrottete Busse erinnern uns daran, dass das Leben auf dem Motorrad gefährlich sein kann, besonders bei dem mörderischen Fahrstil hier. Hinzu kommt

noch, dass die Übergebliebenen der Guerilla-Bewegung Sendero Luminoso noch ihr Unwesen treiben. Wegen der vielen Überfälle gehört diese schöne Strecke immer noch zu den gefährlichsten Südamerikas. Ab Ayacucho beginnt die Puna, eine trockene, windige und kalte Landschaft. Natürlich haben wir wieder eine unserer vielen Reifenpannen. Zum Glück spendet uns ein Gefahrenguttransporter Pressluft. Die Straße ist verschüttet, und der Umweg kostet uns so viel Zeit, dass wir ungeplant in einem Dorf privat übernachten müssen. Die Gastmutter kocht für uns, und die Tochter will mir sofort Quechua, die Indianersprache beibringen. Der Vater putzt das Badezimmer eine ganze Stunde lang und überzieht frisch die Betten für uns.

## Cusco und Machu Picchu

Auf staubigen Pisten erreichen wir Cusco. Die Stadt ist die erste, die den Eindruck einer Bauordnung und Harmonie ausstrahlt. Und das, weil sie die Hauptstadt der Inkas war. Im Patio eines kolonialen Hostels finden wir den herrschaftlichen Komfort der Spanier. Am nächsten Morgen bestaunen wir die beeindruckenden Ruinen der Inkas und ihre Zivilisation in und um Cusco. Der Inka Rail schnauft im Zickzack auf der Eisenbahnstrecke nach Machu Picchu. Nach vier Stunden erreichen wir das Dorf Agua Caliente unterhalb Machu Picchu und ungeduldig stürzen wir uns auf den nächsten Bus, der uns zu den Ruinen hochfährt. Mein Kindheitstraum wird wahr: Vor uns breitet sich die sagenumwobene Stadt der Inkas aus, in schwindelnder Höhe über dem tosenden Urwaldfluss Urubamba. Um drei Uhr nachmittags leert sich die Anlage von den Touristen, und wir bleiben allein mit den Geheimnissen des letzten Zufluchtsorts der Inkas. Die grünen Hänge saugen die ganze Feuchtigkeit des Amazonas auf. Für den Westen der Anden bleibt nicht mehr übrig als die trockene Luft der Wüste. Am zweiten Tag um die Mittagszeit treten wir die Reise zurück nach Cusco an.

## Nach Bolivien

Die kalte Puna hat uns wieder auf dem Weg nach Puno am Titicacasee. Um 11 Uhr vormittags sind wir so müde, dass wir auf der erwärmten Asphaltstraße wie die Eidechsen einschlafen. In Puno machen wir eine Bootsfahrt auf dem See, zu den Schilfinseln der Uro-Indianer und zur Insel der strickenden Männer, Taquilla. Der See ist die Grenze zu einer anderen prä-inkaischen Zivilisation, der der Aymara-Indianer, die sich aus Bolivien hier niedergelassen haben. Bei der Einreise in Bolivien begleitet uns der herrliche Blick auf die weiße Königs-Cordillere. Kurz hinter Copacabana müssen wir einen Seitenarm des Titicacasees mit einer alten Fähre

*Linke Seite oben: Lamas sind eine Kamelart und werden auch als Haustiere gehalten (Peru).*

*Linke Seite Mitte: Tankstelle in den Anden (Peru).*

*Linke Seite unten: Traditionelle Kleidung aus Lamawolle (Peru).*

*Rechte Seite: Die sagenumwobene alte Inka-Stadt Machu Picchu (Peru).*

*Nächste Doppelseite: Gebirgswüste des Altiplano (Bolivien; linke Seite oben). Die Laguna Colorada (Bolivien; linke Seite unten). Freies Wüstengeländefahren am Jama-Pass in über 4000 Meter Höhe (Argentinien; rechte Seite oben). Die Isla del Pescado im Salar de Uyuni mit ihren bis zu 20 Meter hohen Säulenkakteen (Bolivien; rechte Seite unten).*

überqueren. Als Claus vom Motorrad auf der klapprigen Fähre absteigt, tritt er in die Leere durch zwei vermoderte Bretter des Bootsrumpfs und bricht sich fast das Bein, als das Motorrad danach noch auf ihn kippt. Zum Glück kommt er mit einer, leider schmerzhaften, Quetschung davon.

## Der Altiplano

In der hässlichen, lärmenden Stadt La Paz, der höchstgelegenen Hauptstadt der Welt, verbringen wir einen ganzen Tag, um eine Pause zu machen. Hinter La Paz beginnt die trostlose, arme, windige Hochwüste des Altiplano. Nur Quinua, eine Getreideart, kann hier wachsen und wird deshalb als Nahrungsmittel hoch geschätzt. Vom Norden her erreichen wir über eine abgelegene, staubige Nebenpiste den Salar de Uyuni, eine riesige Salzpfanne, die zum Glück um diese Jahreszeit schon trocken liegt. Mit Vollgas fahren wir auf der unendlichen weißen Fläche, die grell in der Wüstensonne funkelt. Es ist ein überirdisches Gefühl, auf diesem hochgelegenen Salzmeer zu düsen. Gegen Abend erreichen wir die Isla Incahuasi mit den jahrhundertealten Kakteensäulen. Mitten in dieser Einöde gibt es ein Restaurant mit Bier, Coca-Cola und Lama-Steak. Obwohl eigentlich verboten, dürfen wir wegen der späten Stunde auf der Insel übernachten, mit Blick auf den Salar. Bei einer Flasche Bier auf den Salzwaben schauen wir der untergehenden Sonne zu. Wir gehören zu den seltenen Glücklichen, die auch den Sonnenaufgang hier erleben können. Wegen Umweltschutzgesetzen dürfen eigentlich keine Touristen auf dem Salar übernachten. Aber bei einem spät angekommenen Motorradfahrer musste man – nach gutem Zureden – ein Auge zudrücken. In Uyuni entfernen wir mit dem Dampfstrahler mühevoll die steinharte, zentimeterdicke Salzkruste vom Motorrad.

## Abenteuer Südbolivien

Der Süden Boliviens scheint am Ende der Welt zu sein. Nichts als Vulkanasche, lebensfeindliches Geröll und Staub in 4000 bis auf über 5000 Meter Höhe. Tagelang erblicken wir keinen einzigen Grashalm. In San Cristóbal haben die Bewohner rostige Bäume aus Eisen einbetoniert. Was anderes würde hier nicht stehen bleiben. Benzin finden wir nur nach langem Suchen und vielem Nachfragen (auf Spanisch) in einem Hinterhof aus Kanistern. Es sind nur wenige Pisten, die die Gegend versorgen könnten. Die Touristenkarten sind zwar hübsch, aber alle komplett falsch, sogar die Nelles-Karte lässt uns im Stich. Wir irren durch Wüstenlandschaften, die kaum Menschen gesehen haben, mit treffenden Namen wie »Tal der Steine«. Vor einer Flussdurchfahrt bittet mich Claus, ein Fahrfoto vom wilden Wasser zu schießen. Als Claus die Mitte erreicht, frage ich mich, warum er stehen bleibt: weil sein Motor abgesoffen ist. Das heißt, Kamera ablegen, durchs reißende Eiswasser waten und schieben. Meine Stiefel füllen sich sofort mit Wasser. Das Blöde an Goretex-Stiefeln ist, dass das Wasser oben reinlaufen, aber nicht mehr abfließen kann. Den ganzen Tag schwimmen meine Zehen im kalten Wasser bei lausigen Temperaturen um den Gefrierpunkt. Das Motorrad lässt sich auch schwer trocknen. Beim ersten Startversuch spritzt der halbe Fluss aus dem Auspuff raus. Trotz der Schwierigkeiten fesselt uns die überirdisch eisige Schönheit dieser feindlichen Wüstenlandschaft. Die Laguna Colorada erstreckt sich mit ihrem rot-weißen Gewässer und Hunderten von Flamingos an der Grenze zwischen

*Linke Seite oben: Salzlache am Jama-Pass (Argentinien).*

*Linke Seite unten links: Der Ojos del Salado ist mit einer Höhe von 6893 Metern der höchste Vulkan der Erde (Chile).*

*Linke Seite unten rechts: Im Krater des Vulkan Licancabur befindet sich der höchstgelegene See der Welt (Chile).*

*Unten links: Im bizarren südlichen Teil des Valle de Lerma (Argentinien).*

*Unten rechts: Valle de la Luna, das Tal des Mondes, ist ein Teil der Atacama-Wüste (Chile).*

*Linke Seite oben: Schmelzwasser flutet die eisige Wüste der Hochanden am San-Francisco-Pass in 4725 Meter Höhe (Argentinien).*

*Rechte Seite: Eine topfebene, vollgastaugliche Salzfläche über 150 km Durchmesser bildet der Salar de Uyuni. Nach Regenfällen entsteht ein tiefer Salzschlamm und die Fläche wird wochenlang unbefahrbar (Bolivien).*

*Nächste Doppelseite: Sandpiste im südlichen Altiplano, auf über 4000 Meter Höhe, mit der typischen Vulkankulisse (Bolivien).*

Wirklichkeit und Fantasie. Als am Abend die zwei Pfützen in meinen Stiefeln zu Eisblöcken gefrieren, finden wir ein paar Baracken am Ufer, wo wir zwar vor dem pfeifenden Wind geschützt sind, aber nicht vor Flöhen. Früh am Morgen dürfen wir gleich wieder Gymnastik machen. Die vereiste Batterie streikt, und ich muss die Maschine den steilen Schotterhang am See hochschieben, während Claus lenkt. Beim Hinunterrollen will sie endlich anspringen, und wir können schließlich den bolivianischen Zoll in 5059 Meter Höhe erreichen. Zwischen fauchenden Fumarolen und Geysiren stempelt der Zöllner unsere Ausreisepapiere ab. An der Laguna Verde vorbei verlassen wir diese vulkanaktive Gegend und überqueren die Grenze zu Chile.

## Die Atacama in Chile

Tief in der Senke heißt uns die Atacama-Wüste willkommen. Hier im Mondtal, in San Pedro de Atacama, versammeln sich die Esoteriker aus der ganzen Welt, um die gleißende Wüstensonne anzubeten. Trotz der kargen Landschaft bemerken wir schnell an den hohen Preisen, dass wir in der Zivilisation angekommen sind. Rastlos ziehen wir weiter durch die Steinwüste nach Argentinien, über den ungemütlichen, mit grobem Geröll übersäten Jama-Pass. Irgendwann nicke ich auf dem Motorrad ein, als ich plötzlich vom starken Schleudern und Bremsen geweckt werde. Bei 120 Stundenkilometern haben wir einen plötzlichen Vorderradplatten. Mit viel Geschick kommt Claus noch zum Stehen, und wir entkommen einem fatalen Sturz. Der Schreck sitzt uns noch lange danach in den Knochen.

## Argentinien

Während ich die Legende von König Arthur im Fernsehen verfolge, füllt die argentinische Zöllnerin freundlich die Einreisepapiere aus. Nach Tagen endloser Bergwüste wachen wir in Purmamarca zwischen duftenden Blumen auf, in einer Oase am Fuße der trockenen Berge. Leider verabschiedet sich unsere steinschwere Mittelformatkamera mit »Error 10«. Mehrere Anrufe in Deutschland beim Hersteller helfen uns auch nicht weiter. Den Rest der Reise wacht sie nur in kurzen Momenten auf, in denen wir wenige Bilder der argentinischen Einöde festhalten können. Südlich von Salta überqueren wir den trockenen Bischofspass im National-

## Dokumentation Anden

Diese vor allem landschaftlich spektakuläre Reise führte 2004 vom Äquator abwärts entlang der Anden und der Küstenregionen durch die Länder Ecuador, Peru, Bolivien, Argentinien und Chile. Diese Länder sind sehr unterschiedlich, bieten aber eine brauchbare Infrastruktur (mit Ausnahme des Südens von Bolivien). Spanischkenntnisse sind zu empfehlen. Die heutigen Bewohner sind meist Mischlinge der Ureinwohner und europäischer Einwanderer, so sind fundamentale Kulturunterschiede nicht zu erwarten.

### Klima und Reisezeit

Wir waren von Ende Februar bis Anfang April unterwegs, die klimatischen Bedingungen waren recht akzeptabel. In Ecuador tropisch, in Peru wüstenhaft heiß, in den Anden kühler. In Bolivien durch die Höhe nicht zu heiß, aber nach der Regenzeit bereits trocken. Die hohen Passstraßen in Chile und Argentinien waren kalt, aber fast schneefrei. Die Küstenregion Chiles im Norden ist extrem trocken.

### Anreise und Formalitäten

Das Motorrad hatten wir per Luftfracht nach Quito/Ecuador geflogen, der Zoll dort war recht langsam, mühselig und korrupt. Rücktransport aus Santiago dagegen westlich-problemlos, die Menschen sehr hilfsbereit. Wir hatten ein Carnet dabei, keines der Länder verlangt ein Visum, man ist an Tourismus interessiert.

### Unterkunft und Verpflegung

Das mitgeführte Zelt wurde nicht ausgepackt, wir hatten auch in der bitterkalten südbolivianischen Hochwüste das Glück, immer ein Zimmer gefunden zu haben. Ansonsten sind mit ein wenig Planung auf der Andenroute zumindest einfache Unterkünfte in größeren Orten zu finden.

### Literatur und Karten

Nelles-Karten und Reiseführer verschiedener Anbieter. Die Karten über Südbolivien sind alle fehlerhaft, ja regelrecht unbrauchbar, da offenbar jeder von der Konkurrenz abzeichnet.

### Fahrzeug

Zuverlässige Enduro mit Endurobereifung und gut abschließbarem, geräumigem Koffersystem. Reichweite 500 km empfehlenswert (San-Francisco-Pass-Route).

### Fotografie

Auf dieser Reise hatte Claus die schwerste Fotoausrüstung aller Touren dabei, eine Mittelformat-Spiegelreflex Pentax 67 II, mit den Objektiven 45, 75, 165 und 300 mm und einem 1,4x Konverter. Besonders das lange Teleobjektiv war enorm voluminös. Parallel dazu haben wir testweise erstmals auch mit einer digitalen Spiegelreflexkamera fotografiert, einer Pentax *istD mit einem 14 und 28-300 mm Objektiv.

park Los Cardones, benannt nach den riesigen Säulenkakteen. Verwundert stellen wir fest, dass in dieser Wüste der Wein sehr gut gedeiht, wenn man ihn gut bewässert. Viele Italiener haben sich hier im 19. Jahrhundert niedergelassen und reiche Weinbaugebiete gegründet. So können wir auch am Abend in Fiambala, einem verlassenen Nest vor dem San-Francisco-Pass, italienische Pasta bei einer Flasche argentinischen Weins genießen. Der lange Weg über den San-Francisco-Pass nach Chile führt durch über 500 Kilometer menschenfeindlicher Einöde. Die fast 7000 Meter hohen schwarzen Vulkane beängstigen mich mit ihren Stille. Als wir nach einer harten Tagesetappe Copiapo in Chile erreichen, kann ich mich beruhigen. Nachdem ein Schuhputzer am Hauptplatz unsere Stiefel eine Stunde aufpoliert hat, wagen wir wieder Geschäfte zu betreten. Die Strecke zur Küste legen wir schnell auf der Asphaltstraße zurück. In La Serena ziehe ich nach Wochen Motorradkluft die roten Stöckelschuhe aus Argentinien an. Die haben für Lachen gesorgt, als sie der chilenische Zöllner oben am San-Francisco-Pass zwischen Claus' Objektiven im Rucksack entdeckt hat. Nach sieben Reifenpannen und einer sieben Wochen langen Reise laufen wir in Santiago de Chile ein. Unser Abenteuer durch die Wüsten der Anden kommt hier zu einem Ende. Vier Jahre später werden wir von hier die Route in den stürmischen Süden, einer anderen Art Einöde, fortsetzen.

# Patagonien
## Vulkane und Eisberge

*Schneebedeckte Vulkane und bizarre Eiswüsten begleiten uns bis zur einsamen Südspitze Südamerikas. Wir folgen der »Straße der Vulkane« und fahren mit dem Schiff zu den unglaublich schönen Eisfeldern und kalbenden Gletschern des patagonischen Inlandeises. Berühmte Berge wie der Fitz Roy oder das Torres-del-Paine-Massiv zeigen sich in bestem Licht. Nach anstrengendem Kampf gegen die stürmischen Winde erreichen wir Feuerland und die südlichste Stadt der Welt, Ushuaia.*

*von Anna Possberg*

# Feuer und Eis

Anfang November 2008 erreichen wir Santiago de Chile, mitten im herrlichsten Frühling. Trotz strenger Kontrolle bei Einfuhr von Nahrung verlaufen die Formalitäten unkompliziert. Chile wird »Deutschland Lateinamerikas« genannt wegen Ordnung und geringer Korruption. Wir holen noch am gleichen Vormittag die angemietete KTM 990 EFI Adventure ab und starten Richtung Süden. Erwünschtes Etappenziel ist die pazifische Küste. Weil das Motto von Claus »Luftlinie ist kürzer als Asphaltstraße« lautet, schlagen wir uns gleich am ersten Tag durch dornige Büsche und durch schlammige Flüsse. Die Küste erreichen wir trotzdem nicht, dafür die reiche Stadt Santa Cruz im Zentraltal. In dieser fruchtbaren Gegend gedeihen Weinreben besonders gut, wofür Chile mittlerweile auch bekannt ist. Die quirlige, freundliche Besitzerin des B&B sorgt ständig dafür, dass es uns an nichts fehlt.

## Die Vulkane

Bei mildem Frühlingswetter durchqueren wir die üppigen Weintäler und Eukalyptuswälder der achten und neunten Region. Die wilde, raue Pazifikküste lädt nicht zum Baden ein. Was Chile hier an Spektakulärem zu bieten hat, sind zahlreiche ebenmäßige Vulkane, die sich wie eine Kette von Norden nach Süden aneinanderreihen. Wie Zacken in einer Krone erheben sich Lonquimay, Llaima und Villarica aus der Andenkette. Die alte Straße zum Lonquimay wird von atemberaubenden stacheligen Araucarien-Bäumen beschattet, Fossilien aus Urzeiten.

Eigentlich hat das Seengebiet den zweifelhaften Ruf, eine regnerische Gegend zu sein, doch uns empfängt ein strahlendes Bilderbuchwetter, das die ganze Reise anhält. Sogar die Reparatur des Platten macht Spaß beim Anblick der schneebedeckten Gipfel. Wir singen mit den Vögeln mit, weil wir uns bereits längst damit abgefunden haben: Wir ziehen Platten magisch an. Zwischen Lonquimay und Llaima entspringt der historische Bío Bío. Seine Ufer waren zwischen den Siedlern und Mapuche-Indianern hart umkämpft. Die Macht des zerstörerischen Llaima sehen wir auch heute noch: Riesige Lavabrocken und schwarze Vulkanasche versperren uns den Weg. Jahre nach dem Ausbruch sprießen erste zarte Pflanzen spärlich in der verwüsteten, schwarzen Landschaft.

Der Fluss Tuful-Tuful hat sich zu einem tiefblauen See aufgestaut, der Baumstämme auf dem Grund verbirgt. Wir versuchen, Pucon von Osten anzufahren durch den Nationalpark Huerquehue. Zwei Platten halten uns auf und die Straße zwischen den zwei Seen existiert nur im GPS-Kartenmaterial. In der Dunkelheit können wir doch noch ein Motel finden. Der regelmäßig geformte Villarica erhebt sich im Sonnenschein vor uns. Am gleichen Nachmittag bewundern wir den südlicheren Vulkan Osorno, der sich majestätisch im See Lonquihue spiegelt. Wir umrunden den See, den Vulkan ständig in Sicht.

## Die Insel Chiloe

Schwer entziehen wir uns dem Bann dieser schönen Gegend und steuern dem nächsten Programmpunkt zu: der Insel Chiloe. Statt der 320 angegebenen Regentage erwischen wir zwei von den Sonnentagen. Hübsche Fischerdörfer leuchten bunt in der Sonne. Obwohl bestimmt einige Motorradfahrer durch den Süden fahren, ziehen wir noch immer viele sehnsüchtige Blicke und Fragen an: Wir verkörpern den erfüllten Wunsch nach Freiheit, Ferne und wilder Romantik. Der edle Fisch wird hier köstlich zubereitet. Im Morgenlicht fotografieren wir die hier typischen Stelzenhäuser.

## Eine Fähre als Kreuzfahrt

In Puerto Montt verladen wir das Motorrad auf der Navimag-Fähre. Wir überbrücken dadurch die Carretera Austral bis Puerto Chacabuco, zum einen, weil ein Vulkan die Straße und den Ort Chaitén vor einigen Monaten verschüttet hat, und zum anderen, weil wir mit dem Schiff den Gletscher in der Laguna San Rafael auf einer dreitägigen Seereise besuchen können. Die Stimmung auf der Fähre ist sehr fröhlich, dafür sorgen die mitreisenden, fast ausschließlich chilenischen Touristen. Ordnung herrscht hier: Bei der Essensausgabe in der Kantine wird nicht gedrängelt.

Um sechs Uhr früh herrscht dichter Nebel in der Lagune. Nur tosende Geräusche lassen einen kalbenden Gletscher ahnen. Erst als die Sonne an Kraft gewinnt, tauchen die Eismassen in ihrer ganzen Pracht auf. Mit einem der Rettungsboote fahren wir zwischen blau funkelnden, gigantischen Eisbergen hindurch. Die fotogene Szenerie beeindruckt uns so stark, dass ich den Kapitän überrede, ein zweites Mal mit der Crew ausfahren zu dürfen. Der Zauber des verlassenen Ortes wird aber vermutlich verfliegen, wenn irgendwann die geplante Piste von Puerto Tranquillo zur Lagune gebaut wird, die Bustouristen hierher schaffen soll.

*Vorangehende Doppelseite: Sturmstimmung am Lago Grey mit fast unwirklichen Farben der sterbenden Eisberge (Chile; großes Bild). Die berüchtigte, windumtoste Ruta Nacional 40 (Argentinien; kleines Bild).*

*Linke Seite: Die schönsten Berge der Welt: rechts im Bild der Fitz Roy und links der Cerro Torre, der bergsteigerisch gleichzeitig einer der schwierigsten ist (Argentinien).*

*Rechte Seite: Blick auf den Vulkan Calbuco am Lago Llanquihue (Chile).*

## Die Carretera Austral

In Puerto Chacabuco, nach Entladen des Motorrads, startet die Batterie die KTM nicht. Jemand hat mit dem angebauten GPS gespielt und es angelassen (den Trick kannten wir schon aus Nepal!). Die Hafenarbeiter geben allerlei gescheite Ratschläge, aber richtig schieben will keiner. Der Bock ist auch wirklich schwer anzuschieben und hat nicht mal einen Kickstarter. Erst ein beherzter Lkw-Fahrer hilft uns schließlich mit Strom. Der Anblick der Carretera Austral ist hinreißend schön und wild. In dieser Abgeschiedenheit gibt es keine Telefonmasten, aber dafür kostenloses Wireless Lan in fast allen Pensionen. Wir können zwar nicht anrufen, aber wir können E-Mails schreiben am iPhone. Auch ein Fortschritt. Zwei Geheimtipps bekommen wir von Einheimischen mit auf den Weg: Die Marmorkathedrale am Carrera-See und das Dorf Caleta Tortel, vollständig auf Holzpfähle gebaut. Der Weg dorthin führt durch die einmalige patagonische Vegetation. Ab hier müssen wir die Anden nach Argentinien durchqueren, weil das Patagonische Inlandseisfeld weiter südlich den Weg versperrt.

## Die sturmumtoste Ruta 40 in Argentinien

Von Cochrane in Chile bis El Chaltén in Argentinien gibt es keine Übernachtungsmöglichkeit und nur eine einzige sichere Tankmöglichkeit, daher hatten wir schon in Puerto Montt zwei Zwölf-Liter-Kanister auf die beiden Alukoffer gepackt. Die Alternative über den Roballo-Pass anstatt über Lago Carrera erweist sich als spektakulär. Hoch in den Anden treffen wir reichlich die neugierigen Guanakos (kleine Anden-Kamele), Flamingos und malerische, bunte Salzseen. Das argentinische Patagonien liegt im Regenschutz der Anden und ist sehr trocken und wüstenhaft. Die legendäre Ruta 40 schlängelt sich südwärts als verschüttete Kiespiste durch eine trockene Ebene. Bis zum weiten Horizont erblicken wir nichts als ausgedorrtes Pampagras und Staub. Alle Stunden taucht auch eine Ansammlung von einzelnen Häusern auf, die dem Sturm trotzen. Böige Fallwinde aus den Anden wehen uns von der Spur weg in den Gra-

ben. Claus müht sich ab, die Gabel gerade zu halten im groben Schotter, während ich mich, im 90-Grad-Winkel gebeugt, gegen den Wind lehne.

## Die schönsten Berge der Erde

In El Chaltén versteckt sich der berühmte schöne Berg Fitz Roy beharrlich in dicken Wolken. Auch bei düsterem Wetter präsentiert sich der Gletscher Perito Moreno von seiner beeindruckenden Seite. Dutzende von Besuchern warten geduldig, dass ein Stück Eis tosend in den Argentino-See kracht. Je mehr wir nach Süden fahren, desto tiefer sinken die Temperaturen, und ein eisiger Wind zerrt an unseren Kombis. Auf der Passstraße nach Puerto Natales in Chile schneit es sogar. Die Hochsaison wird bald beginnen, und die Zimmer werden knapp. Der Tag startet sehr wolkig, aber wir entscheiden uns trotzdem für einen Besuch im Nationalpark Torres del Paine. Glück im Unglück: Durch zwei Pannen bleiben wir länger als geplant im Park und erleben dadurch, wie die grauen Wolken plötzlich das berühmte, malerische Bergmassiv freigeben. Das zweite Mal dürfen wir mit Blick auf eine grandiose Kulisse den Reifen flicken. Irgendwer scheint hier ständig Nägel auf die Piste zu streuen. Im milden Abendlicht fotografieren wir den skurrilen Gletscherfriedhof am Lago Grey.

## Feuerland und Ushuaia

Die windige Magellan-Ebene bietet nichts Besonderes, bis auf die Überfahrt der Magellan-Straße bei Bahía Azul. Weiße Delfine springen den ganzen Weg neben der Fähre her und freundliche Matrosen beschenken uns mit saftigen Äpfeln. An der argentinischen Grenze erleben wir auch die ersten ernsteren Schikanen der argentinischen Zöllner. Weil hier öfter Touristen durchfahren, scheint es einen Versuch wert, Geld zu verlangen. Bei dem Versuch bleibt es auch. Wir fahren zwar öfter zwischen den 25 Kilometer entfernten Grenzposten im Niemandsland – schließlich fast ohne Benzin – hin und her, aber unsere Sturheit siegt über die Korruption.

Endlich erreichen wir Ushuaia, die südlichste Stadt der Erde! Malerisch am Beagle-Kanal gelegen, umranden weiße Berge die kleine Stadt am Ende der Welt. Wir machen einen schönen Bootsausflug zu den Pinguinen und Robben im Beagle-Kanal. Der Weg zurück nach Porvenir in Chile gestaltet sich eher eintönig zwischen

*Linke Seite: Die Gletscherzunge des San Rafael entlässt blaue und türkisgrüne Eisbrocken in die Lagune (Chile).*

*Rechte Seite: Das klassische Patagonien-Panorama: Cuernos del Paine im Nationalpark Torres del Paine (Chile)*

PETROL STATION
DETENGA EL MOTOR
BENCINA
NAFTA
GASOLINA
93.OCTAN..
ガソリン

Schafherden, Feuerland ist überwiegend flach. In Punta Arenas wartet schon der per Luftfracht aus Santiago bestellte neue Hinterradreifen auf uns. Der alte fliegt schon fast in Fetzen weg und wird jetzt nach gut 9000 Kilometern gewechselt.

## Pinguine und Nationalparks

Auf dem Weg zurück nach Puerto Natales zweigen wir zur Pinguinbucht ab. Vom Steg aus beobachten wir die drolligen Pinguine, die gerade ihre Nester an Land bauen. Wegen des starken Winds verbrauchen wir noch mehr als die bisher üblichen acht Liter auf 100 Kilometer und erreichen die Stadt mit dem letzten Tropfen. In einem Outdoor-Shop kauft Claus mir eine dicke Daunenjacke. Die kann ich über die dünne Daunenjacke anziehen, darunter Pulli und Langarmbody. Drüber die Motorradjacke mit Goretex-Inlay. Ich fühle mich wie ein Pinguin und genauso bewege ich mich auch. Aber endlich habe ich es warm.

Gegen sieben Uhr morgens fahren wir erneut zum Nationalpark Torres del Paine, um das Boot auf dem Lago Grey zu erreichen. Die Fahrt zum Gletscher gehört auch zu den einmaligen Erlebnissen dieser Reise. Und es kommt noch besser. Am Lago Pehoe ergattern wir ein Zimmer mit Blick auf den See und die Felstürme des Massivs. Der zweite Tag beginnt mit strahlendem Wetter. Da keine Wolken über dem Inlandeis schweben, wissen wir, dass der Fitz Roy auf der Nordostseite gut zu sehen ist. In Eile überqueren wir die Grenze nach Argentinien, und trotz erneuter Probleme mit den argentinischen Zöllnern (wegen angeblich ganz neuer Gesetze für Mietfahrzeuge), erreichen wir im Abendlicht den schönsten Gipfel der Welt. Aber noch schöner ist er im Alpenglühen um fünf Uhr morgens. Auf der menschenleeren Straße beobachten wir mit stockendem Atem, wie die aufgehende Sonne den Fitz Roy rötet. Das Inlandeis dahinter scheint Feuer gefangen zu haben.

Nach diesem unvergesslichen Anblick fahren wir noch ganze 980 Kilometer auf überwiegend grobschottrigen Pisten durch die patagonische Einöde. Kein Tier, kein Mensch, kein Auto in dieser kalten Wüste bis Bajo Caracoles, vier gebeutelte Hütten wie aus dem Wilden Westen, wo wir endlich wieder tanken können, nachdem die KTM unsere zwei Ersatzkanister bereits wieder »leer gefressen« hat. Erst weit im Norden, in Gobernador Costa, finden wir um acht Uhr abends eine Unterkunft und etwas zu essen. Wir treffen sieben Argentinier, die das Abenteuer mit verschiedenen (mehr oder weniger tauglichen) Motorrädern auf der Ruta 40 nach Süden suchen. Als wir ihnen aber von den großen Schottersteinen auf der Piste und vom Wind erzählen und die Digitalfotos zeigen, beschließen sie, doch die langweilige asphaltierte Ruta 3 an der Küste zu fahren.

## Die argentinische Schweiz

Bariloche, der Hauptort der argentinischen Schweiz, lockt mit seiner besonderen Vegetation und seinem See. Am Abend will Claus unbedingt herausfinden, was eine Parilla bedeutet: viel, viel Grillfleisch, mit viel Fett und mit

*Linke Seite oben: Auch das noch – eine Reifenpanne stoppt uns unter dem berühmten Paine-Massiv (Chile).*

*Linke Seite unten: Die Zapfsäulen werden in kleinen Häuschen gegen den Sturm geschützt (Chile).*

*Oben: Im Nationalpark Los Glaciares (Argentinien).*

noch mehr rotem Wein hinuntergespült. Wir verlassen schnell die fruchtbaren Täler in den Anden. Ab dem Vulkan Lanin verwandelt sich die Landschaft wieder in die vertraute Wüste. Wir versuchen in Copahue, den Pass nach Chile zu überqueren, der in der Karte eingezeichnet ist. Wir sind der argentinischen Dürre überdrüssig. Aber die Wüste lässt uns nicht so schnell los. Der Pass ist bloß ein Trampelpfad und obendrauf verschneit. Auch der nächste Pass bei Coviahue ist wegen Schnee geschlossen, also gibt es keinen Weg auf die andere Seite. Bei Bardas Blanca verlassen wir erneut die staubtrockene Piste und folgen 40 Kilometer einem Schild, das nach Chile weist. Vor dem Aufstieg finden wir nur eine verlassene Zollhütte. Der Pass ist auch unpassierbar. Verärgert auf unseren Reiseführer und die argentinischen Schilder fahren wir durch bis San Rafael, eine Oase am Fuße der Anden. Die Passstraße von Mendoza schlängelt sich durch kahle Täler und verwitterte Hänge am höchsten Gipfel der Anden, dem fast 7000 Meter hohen Aconcagua, vorbei. Nach der Einsamkeit der letzten Wochen fühlen wir uns sehr entfremdet im touristischen Badeort Vina del Mar an der chilenischen Küste. Aber es ist eine gute Vorbereitung für die geschäftige Hauptstadt Santiago. Nach fast fünf Wochen stürmischer, staubiger Unendlichkeit in Patagonien und einem kurzen Abstecher auf die Osterinsel, die mich seit meiner Jugend faszinierte, kehren wir zurück in die deutsche Zivilisation.

*Oben: Guanakos vor den Torres del Paine (Chile).*

*Unten: Gletscherfriedhof am Lago Grey (Chile).*

*Rechte Seite, von oben nach unten: Feuerland (Argentinien). Magellan-Pinguine beim Paarungsritual (Chile). Gauchos (Argentinien). Fangerfolg, Caleta Tortel (Chile).*

*Nächste Doppelseite: Stürmische Landschaft: Cuernos del Paine im Nationalpark Torres del Paine (Chile).*

## Dokumentation Patagonien

Chile und Argentinien sind die wirtschaftlich am weitesten entwickelten und gleichzeitig sichersten Staaten Südamerikas. Man spricht Spanisch, ein paar Brocken wenigstens sollte man beherrschen, da man mit anderen Sprachen außerhalb der Großstädte nicht weit kommt. Patagonien ist der Südteil Südamerikas, geteilt durch die Andenkette, die die kollidierenden Erdplatten hier aufwirft. Die Landschaft ist wild und einsam, die Nationalparks wirklich landschaftlich grandios. Solange es nicht stürmt, sind die Kies- und Schotterstrecken mit einem geeigneten Motorrad problemlos und flott befahrbar. Einige Abschnitte der Ruta Nacional 40 durch Argentinien sind bereits geteert, Ziel ist es, die ganze Strecke zu asphaltieren (rund 5000 km), um sie für Touristen besser zugänglich zu machen. Unsere gesamte Rundstrecke war 12 269 Kilometer lang.

### Klima und Reisezeit

Die Westseite mit Chile ist sehr regenreich (wir hatten Glück und keinen nennenswerten Regen), die Ostseite mit der argentinischen Pampa, einer Grasbüschel-Wüste, ist sehr trocken und extrem windig. Man muss etwa 20 Prozent der Zeit in Südpatagonien mit echtem Sturm (über 75 Stundenkilometer Windgeschwindigkeit, Windstärke 9) rechnen. Der Wind kommt immer von Westen und somit auf dem Weg nach Süden genau von der Seite. Das Frühjahr beginnt im November, die Hauptsaison, wo auch viele Touristen unterwegs sind, ist im Januar und Februar.

### Anreise und Formalitäten

Santiago in Chile oder auch Buenos Aires in Argentinien sind im Direktflug von Deutschland aus leicht zu erreichen. Es werden keine Visa verlangt, für ein eigenes Fahrzeug empfiehlt sich aber ein Carnet. Für den Fahrzeugimport würde ich Chile empfehlen, da hier keine Korruptionsprobleme zu erwarten sind.

### Unterkunft und Verpflegung

In den größeren Städten gibt es Hotels und Pensionen verschiedener Preisklassen, auf dem Lande findet man in unregelmäßigen Abständen Farmen oder kleine Dorfhotels. Die Preise sind vergleichbar mit Südeuropa. Wir hatten keine Campingsachen dabei und hätten sie auch angesichts des häufig starken Windes kaum nutzen können. Sauberes, gutes Essen bekommt man überall problemlos. Die Steaks in Argentinien sind weltweit die besten.

### Literatur und Karten

Es gibt mehrere einschlägige Reiseführer, wir hatten die aus dem Reise-Know-How Verlag einschließlich der entsprechenden wasserfesten Landkarte dabei. Im Internet gibt es hervorragende kostenlose Karten zum Aufspielen auf das GPS.

### Fahrzeug

Man bewegt sich zwar hier nicht in der Dritten Welt, aber in einer sehr einsamen und stürmischen Region. Das Motorrad sollte wegen der oft verspurten Kiespisten wie unsere KTM ein wirklich gutes Endurofahrwerk haben: alte Einzylinder-Enduros oder gar Straßenmaschinen mit kleinen Vorderrädern tun sich hier schwer, vor allem, wenn man flotter fährt. Empfehlenswert sind 500 Kilometer Reichweite, damit man seine Route nicht nur nach der Lage der Tankstellen ausrichten muss. Die in Santiago gemietete KTM 990 EFI Adventure hatte mit dem Serientank von 19,5 Litern eine Reichweite von nur 255 bis 285 Kilometern bis zum Liegenbleiben, da der rappelige Motor im Zweipersonenbetrieb mit Koffern einfach viel zu viel Sprit geschluckt hat. Mit 24 Litern Zusatzbenzin, in zwei Kanistern auf die Alukoffer obendrauf geschnallt, konnten wir die hier sinnvolle Reichweite realisieren. Ein großer Haupttank sowie ein geringerer Benzinverbrauch sind aus Sicherheitsgründen (vor allem im Sturzfall!) die definitiv bessere Lösung, die KTM ab Werk aber leider nicht anbietet.

### Fotografie

Auf dieser Reise hat Claus mit seiner Digitalkamera Canon EOS 1 Ds Mark III gearbeitet, und zwar mit den Brennweiten 14, 24-105 und 100-400 mm. Es entstanden 6964 Fotos im RAW-Format, die auf sieben CF-Karten mit je 32 GByte gespeichert wurden. Die Qualität dieser Bilder zu Hause am 30-Zoll-Monitor ist einfach bestechend.

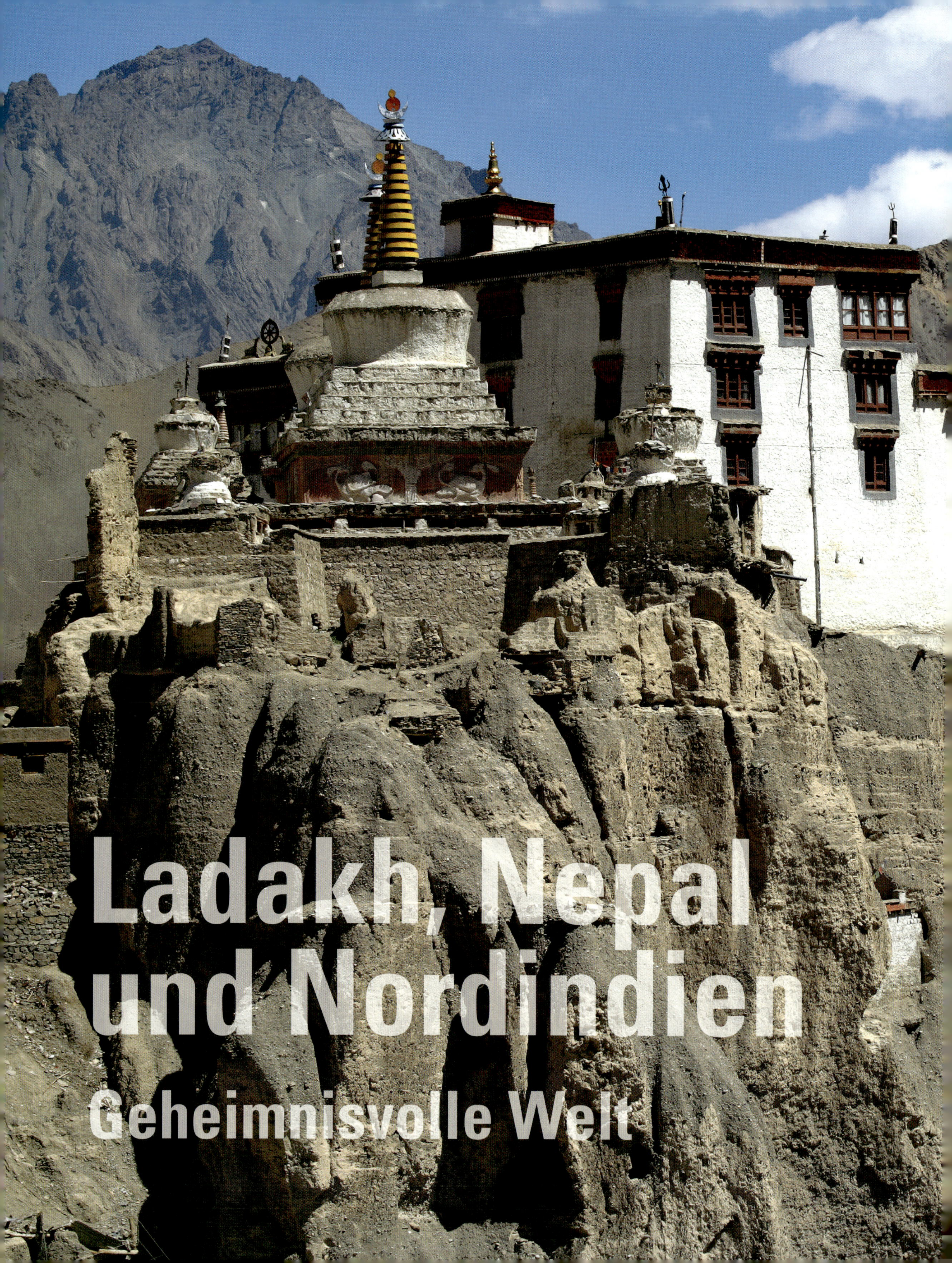

# Ladakh, Nepal und Nordindien

## Geheimnisvolle Welt

Alte Kulturen, eingebettet in die zerklüfteten Himalaja-Gipfel und die spektakuläre Wüste Thar, waren unser Ziel bei dieser Tour auf dem indischen Subkontinent. Wir starten in Kathmandu/Nepal und fahren nach Ladakh, wo sich im Gegensatz zu Tibet die Kultur der Tibeter mit ihren grandiosen Klöstern noch erhalten konnte. Mit unserem Motorrad bezwingen wir die höchsten Passstraßen der Erde, durchqueren aber auch weite Wüstenebenen in Rajasthan mit seiner vielfältigen Kultur.

von Anna Possberg

# Hinduismus und Buddhismus

Im Sommer 2005 beschließen wir, Claus, Christoph und ich, die mystische Welt Indiens zu erkunden: Rajastans Wüste Thar und das trockene Ladakh jenseits des Himalajas. Unsere Reise beginnt in Nepal. Kathmandu besteht aus einem riesigen Haufen Buden mit Wellblechdächern, Betonplatten mit dunklen Löchern, Kabeln und vor allem aus hupenden Autos und knatternden Mopeds. Ein düsterer Regen verschleiert zusätzlich die Sicht. Ich bekomme Angst, dass wir nie aus diesem endlosen Gewimmel rauskommen. Namen gibt es nur für große Straßen, um die sich Gassen und Häuser pulkartig drängen, sodass selbst Taxifahrer Adressen kaum finden.

## Chaos am Zoll

Die Befreiung der Motorräder aus dem Zoll verläuft wie erwartet. Am ersten Tag geht gar nichts. Wir rufen am Flughafen an. Zuerst heißt es, die Motorräder seien bereits da. Als wir dort ankommen, sind sie dennoch nicht da. Ein Blick auf den Bildschirm des Cargo-Agenten bestätigt meine Befürchtung: Laut Reservierung kommen sie erst morgen aus Bahrein. Was bleibt uns anderes übrig, als einen angenehmen Nachmittag im Shoppingviertel Thamel zu verbringen? Für ein paar Rupies darf ich auch die Sadhu, die heiligen Asketen der Hindi, beim Singen filmen. Im Abendlicht bewundern wir noch die sanften Buddha-Augen in der Bodnath Stupa. Am nächsten Tag lassen wir uns vor dem Flughafen von einem Sadhu segnen. Das Glück werden wir auch brauchen. Unser Freund Christoph hat die falschen Chassis- und Motorblock-Nummern vom ADAC im Carnet eingetragen bekommen. Wir können die Beamten überzeugen, sich mit einem Korrektur-Fax aus Deutschland zu begnügen, anstatt des verbesserten Originals, das erst in sechs Wochen ankommen würde. Das kostet Christoph zwar 100 Dollar Besänftigungsgebühr, aber nach acht Stunden Verhandlungen sind wir frei und können in eine völlig fremde Welt starten.

## Von Nepal nach New Delhi

Mit eigenem Motorrad durch Kathmandu! Autos, Mopeds und Fahrräder strömen von allen Seiten auf uns zu, gemischt mit Menschen und heiligen Kühen. Zwischen Dieselruß schlängeln wir uns in Richtung Pokhara und weiter nach Kohalpur an der indischen Grenze. Entlang des Mahindra-Highways reihen sich archaische Dörfer, bewohnt von ärmlichsten Menschen. An der Grenze zu Indien spendieren uns die Zöllner kalte Getränke. Sie haben Mitleid mit uns in unseren Motorradklamotten. Von Mombasa nach Delhi passieren wir staubige Dörfer und weichen rücksichtslosen Fahrern aus. Wir sind keine fünf Minuten in Indien unterwegs, als uns ein Mopedfahrer von links rammt und dabei stürzt. Die Autobahn vor Delhi ist voller Geisterfahrer, und in den Vororten bricht der Verkehr in der Rushhour völlig zusammen. Die Fahrt durch Old Delhi wird zur Hölle. Die Luft bleibt uns weg, und die Augen brennen vom Qualm. Vor unserem Hotel empfängt uns eine Welt aus faulendem

*Vorangehende Doppelseite: Das tibetische Kloster Lamayuru liegt in einer eindrucksvollen Gebirgslandschaft eingebettet in Ladakh (Indien; großes Bild). Sadhu – ein heiliger Mann und Asket (Nepal; kleines Bild).*

*Linke Seite: Die Südrampe des 5137 Meter hohen Taglang La führt durch eine unwirkliche Steinwüste (Indien).*

*Oben: In unmenschlicher Handarbeit versuchen indische Straßenarbeiter den Tanglang-Pass zu teeren (Indien).*

*Unten: Die Inder behaupten, der Kardung-Straßenpass sei mit 5602 Metern der höchste der Welt (Indien).*

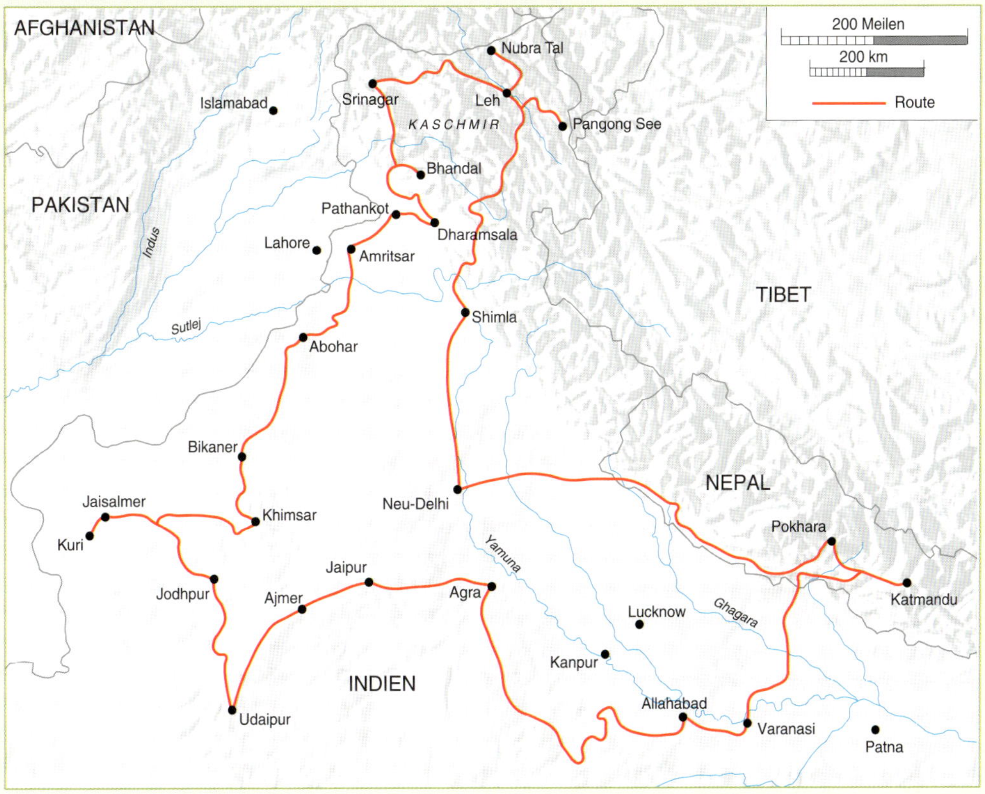

Schlamm, Müllhalden am Straßenrand, blauen Plastikzelten und menschlichen Resten, mitten in der Stadt. Arm und Reich liegen hier Wand an Wand und doch so weit auseinander. Der Kampf ums Überleben drückt die Schwachen und Glücklosen einfach platt. Dank des Glaubens an die Wiedergeburt spielt das Leben hier keine große Rolle. Das spiegelt sich auch im Verkehr wider. In Delhi versuchen wir eine Erlaubnis für die Gegend Spiti und Lahaul in Ladakh, an der chinesischen Grenze, zu erhalten. Keine Chance. Zwei oder vier Personen würden das Permit erhalten, aber zu dritt, das geht nicht. Erst nach stundenlangem Warten auf verschiedenen überfüllten Behörden verstehe ich eine mögliche Logik dahinter: einer der Männer könnte einen Flüchtling als Partner durchschmuggeln. Dumm, dass wir zu dritt reisen.

## Der Weg in den Himalaja

Am nächsten Tag entfliehen wir der staubigen Hitze in Richtung Berge. In der Hill Station Shimla hat sich zu Kolonialzeiten die englische High Society versammelt. Empfehlenswert ist eine Übernachtung in den »Heritage Hotels«, alte Herrschaftsresidenzen, die umgebaut wurden, um sie vor dem Ruin zu retten. Auf dem engen Weg nach Manali bleiben oft die Lkws an engen Stellen stecken und blockieren den Verkehr. Wir hoffen, dass die Straßen sich im Himalaja leeren. Aber vor dem Baralacha-Pass stauen sich seit Tagen Hunderte von Tanklastern vor einer weggespülten Brücke. Genau als wir ankommen, setzt sich die Kolonne auf der staubigen Piste nervös hupend in Bewegung. Die Landschaft wechselt mit zunehmender Höhe von sattem Grün zu rein roter Steinwüste. Nach dem Rohtang-Pass verlassen wir den hinduistischen Raum und betreten die Region mit tibetanisch-buddhistischer Kultur. Schnaufend und pustend schieben sich noch vereinzelt Lkws hoch, die die Versorgung für Ladakh, das isoliert hinter der Himalaja-Kette liegt, sicherstellen. In Sarchu übernachten wir in einem Camp. Auf 4400 Meter Höhe sinken die Temperaturen nachts weit unter den Nullpunkt. Die Straße nach Leh führt durch spektakuläre Mondlandschaften auf unglaublichen Höhen von über

5400 Metern. Wir überqueren sehr hohe Pässe, einer davon Tanglang La, der zweithöchste befahrbare Pass der Welt. Wir merken es an der schwachen Motorleistung infolge Sauerstoffmangels. Als wir in das Hindustal hinunterfahren, legen wir schnell die restlichen Kilometer auf der Teerstraße nach Leh zurück.

## Die Klöster

Im Gegensatz zu Indien strahlt Ladakh Ruhe und Gelassenheit aus. Die zwei Tage, die wir auf das Permit für das Nubra-Tal warten, nutzen wir, um die buddhistischen Klöster entlang des Industals zu besichtigen. Die Mönche begeistern sich für unser Motorrad, für unsere Technik und für die zwei zurückhaltenden Touristen, die sie neugierig betrachten. Wir erwarten die Stille einer Gompa (»einsamer Ort«) und begegnen stattdessen einem Versammlungszentrum für Deutsche, Franzosen und Italiener. Das trifft aber nur für die großen Klöster an der Hauptstraße zu. Um das hoch liegende Kloster Mangyu zu erreichen, ist eine Wanderung nötig. Im isolierten Kloster Rizong führt mich ein alter Mönch stolz durch versteckte Räume. In seinem Zimmer müssen wir anschließend tapfer einen Buttertee hinunterwürgen. Nordöstlich von Leh, an der Grenze zu China, breiten sich drei große Seen im Hochland aus. Wir zittern ordentlich vor Kälte bei der Überquerung des 5425 Meter hohen Chang-La-Passes, aber der Anblick des Pangong-Sees entlohnt die Mühen der Fahrt. Nach ein paar Fotos und Filmszenen vor der grandiosen Kulisse kehren wir zurück. Am Abend schauen wir uns noch Leh an. Die Stadt hat außer Souvenirläden nicht so viel zu bieten. Die Internetcafés sind entweder voll oder sie funktionieren nicht. Strom gibt es erst ab 19 Uhr.

## Das wilde Nubra-Tal

Die Straße über den Khardung La (laut Gipfelschild angeblich der höchste befahrbare Pass der Welt, 5602 Meter – die aber geschummelt sind, wir haben mit dem GPS nachgemessen) windet sich hoch über Leh mit herrlichem Blick auf die Himalaja-Kette gegenüber. Im Nubra-

*Linke Seite oben: Tempelanlage von Khajuraho, verziert mit zahlreichen erotischen Figuren (Indien).*

*Linke Seite Mitte: Der goldene Tempel von Amritsar (Indien).*

*Linke Seite unten: Das Tadsch Mahal (Indien).*

*Oben: Der Pangong Tso ist ein 4500 Meter über dem Meeresspiegel gelegener Salzwassersee an der Grenze zu China (Indien).*

*Nächste Doppelseite: Blick zurück ins Industal vom 5424 Meter hohen Chang-La-Pass, dem angeblich dritthöchsten der Welt (Indien).*

Tal lässt der wilde Shyok-Fluss die gewaltigen Naturkräfte der Felsberge erahnen. Wo sich Nubra und Shyok vereinen, glitzern Sanddünen im Sonnenlicht. Wir besuchen am Abend die einsame Diskit Gompa. In der Ferne erblicken wir einen ungeheueren Sandsturm, der aus Richtung Pakistan das Tal verschluckt und sich auf uns zubewegt. Über Nacht legt sich eine feine Staubschicht auf die Umgebung. Am zweiten Tag sieht das Tal bei bedecktem Himmel sehr düster aus. Oben auf dem Pass pfeift ein schneidender Wind, und es schneit.

## Die Ahnen der Proto-Indoeuropäer

Zurück im Industal wollen wir die indoarischen Dörfer an der Grenze zu Pakistan zu besuchen. Wir verlassen die Straße nach Kargil und folgen dem Indus entlang der Waffenstillstandslinie. In den engen Schluchten reißt der Fluss den Schlamm und Staub der trockenen Felsen mit sich. Am zweiten Militär-Checkposten im Tal fragen wir nach Dha, das das schönste indoarische Dorf sein soll. Der Soldat erlaubt sich einen Spaß und schickt uns geradeaus. Nach zehn Kilometern kommen wir an der pakistanischen Grenze an. Der Soldat hier, bewaffnet bis an die Zähne, sieht nicht mehr so spaßig aus. Wir drehen erschrocken um. Kurz vor dem zweiten Checkposten winkt uns ein Sikh entgegen, der uns beobachtet hat. Lächelnd schickt er uns einen Seitenweg hoch. Nach weiteren zehn Kilometern Niemandsland erreichen wir einen Militärlaster. In knappem Englisch erklärt uns der Offizier, dass wir uns auf einem verbotenen Weg befinden. Zwischen den Felsen lauern pakistanische Scharfschützen. Also sofort umdrehen. Die Soldaten am Checkposten lachen uns aus. Auf die Frage, wo denn das Dorf sei, zeigen sie mit dem Finger nach unten. Dha ist ein Wachposten und zwei Häuser! Das nächste Dorf, Beema, ist schon größer: fünf Häuser, besitzt aber wenigstens ein Camp, wo wir uns waschen und was essen können. Bei aufmerksamem Betrachten entdecke ich auch ein paar indoarische Einwohner mit rosigem Gesicht, rotblonden Haaren und blauen Augen.

## Im Militärkonvoi nach Kaschmir

Zurück auf der Hauptstraße besuchen wir das Kloster Lamayuru in der Mittagshitze. Kurz vor Kargil müssen wir eine Reifenpanne beseitigen. Erst nach Flicken und Einsetzen des Schlauches entdecken wir, dass es eigentlich drei Löcher sind, und arbeiten bis abends daran herum. Unser Hotel in Kargil gleicht einem Rattenloch. Wir müssen frühmorgens mit der Militärkolonne über den Zojiza-Pass in Richtung Kaschmir losfahren. Bei eisiger Kälte und Nieselregen reihen wir uns in die Kolonne ein und von zahlreichen schwer bewaffneten Soldaten bewacht überqueren wir in einer kilometerlangen Schlange aus Militärfahrzeugen den Pass nahe der Grenze. In Srinagar werden wir von den Hausbootbesitzern umringt. Wegen der unruhigen Lage in Kaschmir gibt es kaum noch Touristen, jeder will sein Boot vermieten. Wir erkunden den Nagin- und Dal-See per Boot. Weltentrückt gleiten wir zwischen Lotusblüten und schwimmende Gemüsegärten. Wir verlassen anschließend den Himalaja in Richtung Chamba, einer Hill Station. Zu dem irrsinnigen Verkehr der Inder addieren sich noch die Vorsichtsmaßnahmen der Armee. Das heißt: ständige Stopps, Staus und Durchsuchungen nach Bomben oder Minen. Bei Einbruch der Dunkelheit stehen wir vor einem gewaltigen Erdrutsch, der einen riesigen Umweg erzwingt, so bleiben wir in Bhaderawal, im einzigen Hotel der Stadt. Es gehört einem Araber, also keine einzige Frau zu sehen, starr vor Schmutz, mit einem Loch im Boden, aus dem es pestilenzialisch stinkt. Der Besitzer erweist uns die Ehre des Gastgebers in Form eines höllenscharfen Chicken Curry, der eine sofortige Darmverstimmung nach sich zieht. Unser Schlafsack schützt uns zwar etwas vor den krabbelnden Haustieren, nicht aber vor den grölenden Stim-

*Linke Seite oben: In der Wüste Thar (Indien).*

*Linke Seite unten: Der Jaintempel von Ranakpur ist bis in den kleinsten Winkel üppig geschmückt (Indien).*

*Unten links: Empfangsparade im Kimshar Fort (Indien).*

*Unten rechts: Elefanten werden nur noch selten zum Transport genutzt (Indien).*

men des 4-Uhr-Früh-Gebets. Dazu gibt's schrillen Straßenlärm und Affen, die laut krachend auf den Blechdächern herumspringen.

## Besuch beim Dalai Lama und am goldenen Tempel

Am nächsten Tag verabschieden wir uns von Christoph, der zurück nach Nepal fährt. Wir machen noch einen Abstecher nach Dharamsala, der Hauptstadt der tibetanischen Flüchtlinge und Sitz des Dalai Lama, des Oberhaupts der Gelbmützen-Buddhisten. Amritsar wäre unattraktiv, würde es nicht eines der schönsten Juwelen Indiens besitzen: den streng bewachten goldenen Tempel der Sikhs mitten in einem Teich. Die besinnliche Atmosphäre kontrastiert mit der Hektik außerhalb der hohen Mauern. Die Sikhs stechen in der Hindi-Masse durch ihre großen Turbane und äußerst gepflegtes Aussehen hervor. Bei Sonnenuntergang beleuchten Tausende von Kerzen den Tempel.

## Die Wüste Thar

In Rajasthan empfangen uns 50 Grad Celsius, sengende Sonne, kein Wind und kein Schatten. Mitten in der Wüste Thar liegt die Oase Bikaner. Unberührt vom Tourismus produzieren wir kleine Staus, wenn wir vorbeifahren. Wir finden ein schönes Hotel, ein altes Kaufmannshaus mit viele Liebe zum Detail. Hier befinden wir uns bereits im Reich der Maharadschas. Indien vereint Moderne und Tradition: Die Frauen der Wüste verstecken ihr Gesicht hinter einem buntem Schleier. Nur als Frau hat man die Ehre, kurz ihr Lächeln fotografieren zu dürfen. Nachdem unsere HPN-BMW neben einem erstklassigen Oldtimer Buick, Baujahr 1927, in der Garage des Maharadschas übernachten durfte, dringen wir tiefer in die Wüste ein. Im verschlafenen Kaku wollen wir eine Kamelsafari unternehmen. Es spricht sich bis in die nächste Stadt herum, dass ein Motorrad mit Fremden in der Gegend ist. Am Abend bekommen wir Besuch von unbekannten Einwohnern, die uns bestaunen wollen. Kommunizieren ist dabei unmöglich. Die heiße Nacht verbringen wir statt im Zimmer in Unterhosen auf dem Dach unter freiem Himmel. Nicht weit von Kaku entdecken wir in der Einöde eine Burg, Khimsar Fort, umgebaut zu einem »Heritage Hotel«. Den Rest des Tages schwimmen wir im Swimmingpool – mitten in der Sandöde. Tags darauf erreichen wir die goldene Stadt: Jaisalmer hoch oben auf dem Felsen über der flimmernden Wüste. Der Reiseführer preist die grandiose Aussicht (inzwischen ist es ein Blick auf einen Windpark). Wir quetschen uns mit der BMW durch die engen Gässchen an heiligen Kühen vorbei, bis wir ein passables Zimmer finden. Die kreuz und quer hängenden Elektrokabel stören die orientalische Atmosphäre der Stadt, und der Gestank der offenen Abwasserkanäle sowie der Kuhreste raubt uns den Atem.

## Tempel und Fort

Auf dem weiteren Weg passieren wir viele ausgelassene Pilger, auf die wir besonders achtgeben müssen. In der blauen Stadt Jodhpur besichtigen wir den beeindruckenden Koloss Meherangarh Fort, die Burg der Maharadschas. Auf dem Weg nach Udaipur bestaunen wir den prächtigen Jain-Tempel Ranakpur. Die gierigen Brahmanen zerstören jedoch die Harmonie: Da ich keine Geldspende zusätzlich zum Eintrittsgeld geben will, stören sie mich beim Filmen. Wenn ich schon so eine große Videokamera besitze, soll ich mich großzügiger zeigen.

## Die James-Bond-Kulisse

Trotz Monsunregen bezaubert uns Udaipur am kleinen See. Das »Lake Palace Hotel« auf einer Insel entspricht unserer Vorstellung von reichen Maharadscha-Palästen. Und erinnert uns natürlich an »James Bond«, der hier gedreht wurde. Die anmutigen Frauen mit ihren farbigen Saris an den Ghats (Ufertreppen) verleihen der Stadt einen besonderen Reiz. Pushkar, die nächste Stadt, beeindruckt uns ebenfalls durch die Atmosphäre der Ghats. Bunte Stoffe und quirlige Menschen wecken die alten Gassen zum Leben.

## Der Palast der Winde

In Jaipur erblicken wir den berühmten Palast gerade noch im letzten Sonnenschein. Als Einkaufsstadt bietet Jaipur etliche Juwelier- und Stoffläden, aber auch viele Fälschungen. Genauso wie Agra: In der Euphorie um den Tadsch Mahal fallen die Besucher auf die Abzocker rein. Wir fahren über den Fluss auf die andere Seite hinter dem Mausoleum, von wo wir seine Größe in Ruhe betrachten und fotografieren können.

## Erotische Tempel

Die Strecke nach Kajuharo legen wir zügig zurück – trotz zahlloser Geisterfahrer und Rinderfuhrwerke auf der Autobahn. Der Umweg nach Süden lohnt sich wegen der alten Reliefs mit kunstvollen Kamasutra-Figuren auf den Tempeln in Kajuharo. Claus' vermeintliche Abkürzung nach Varanasi (Benares) führt uns allerdings auf Erdpisten durch Reisfelder. Der Verkehr nimmt sehr stark zu, und von Allahabad auf der Schnellstraße bis Benares brauchen wir für die letzten 120 Kilometer fast vier Stunden.

*Linke Seite: Die große Bodnath Stupa in Kathmandu (Nepal).*

*Unten links: Schlangenbeschwörer mit ihren Kobras trifft man nur noch selten (Indien).*

*Unten Mitte: Feuertänzerin in Deogarh Fort (Indien).*

*Unten rechts: Pilger in Pushkar (Indien).*

*Nächste Doppelseite: Die Stadmauer von Jaisalmer (Indien; linke Seite oben). Im Thar-Wüstendorf Kaku wird der Boden für ein Fest geschmückt (Indien; linke Seite unten). Der Pfauenmann von Jaisalmer (Indien; rechte Seite oben). Stoffdecken in Rajasthan (Indien; rechte Seite unten).*

## Benares am Ganges

Benares verkörpert die Quintessenz indischer Kultur. Wir wundern uns, wie sich aus den lärmenden Menschenmassen, rücksichtslosen Rikschas, Abfällen und stinkenden Gassen das Genie der indischen Handwerkskunst erheben kann: handbestickte Wildseide von feinster Art in den Hinterhöfen der Ghats. Eine Bootsfahrt auf dem Ganges bereitet uns auch ein gruseliges Erlebnis: Zahlreiche Menschenleichen und aufgedunsene tote Kühe treiben im schlammigen Fluss umher, aus der die Stadt mit Wasser versorgt wird. Aber der Glaube wirkt Wunder: Das Wasser aus dem Ganges heilt jede Krankheit. Jeden Morgen begrüßen Hunderte von Pilgern die Mutter Sonne an den Ghats des Ganges. Bevor uns Indien freigibt, hält es uns fest in den Krallen des Stadtverkehrs (wir erhalten rund 20 Rammstöße auf dem Motorrad), bis wir uns auf den Weg zur nepalesischen Grenze machen.

## Zurück nach Nepal

Kein nepalesischer Zollbeamter scheint je ein Carnet de Passage gesehen zu haben. Diplomatisch erklärt ihnen Claus, wie sie es ausfüllen müssen, und nach einer Stunde entkommen wir den Rikschas und den Lkws. Bei tiefer Nacht fahren wir die Hauptstraße von Narayankhot auf und ab auf der Suche nach Hotels, die angeblich sogar Tiger-Safaris organisieren. Aber keiner hier weiß was davon. Für die Einwohner scheint der nur 16 Kilometer entfernte Royal Chitwan National Park eine unbekannte Welt zu sein. Am Rande des

*Unten: Sanddüne im Nubra-Tal (Indien).*

*Rechte Seite oben: Blick von der Diskit Gompa in das Nubra-Tal (Indien).*

*Rechte Seite obere Mitte: Ein Mönch entzündet Kerzen, um zu beten (Nepal).*

*Rechte Seite untere Mitte: Kloster Thikse bei Leh in Ladakh (Indien).*

*Rechte Seite unten: Bhudda im Kloster Hemis im Industal (Indien).*

*Nächste Doppelseite: Links der heilige Machapucharé und rechts der Achtausender Annapurna (Nepal).*

## Dokumentation Nepal, Ladakh und Nordindien

Nepal und Indien liegen auf einem eigenen, extrem vielfältigen Subkontinent, dessen Erdscholle durch Kollision mit der Asiatischen Scholle das höchste Gebirge der Welt auftürmt. Teile des Himalaja und die Region nördlich des Hauptkamms, u.a. auch die Region Ladakh, liegen in sehr trockenen Gebirgswüsten, die kaum Monsunregen erhalten. Im Westen Indiens breitet sich die sehr trockene Wüste Thar aus. Nepal und Indien sind relativ sichere Reiseländer, jedoch arm und mit völlig ungewohnter Kultur. Der Straßenverkehr ist extrem rücksichtslos und gefährlich.

### Klima und Reisezeit

Ladakh ist wegen der hohen Pässe nur im Sommer zu erreichen. Wir waren im August und September 2005 unterwegs, eigentlich eine günstige Zeit, gleichzeitig war es aber in Rajasthan sehr heiß.

### Anreise und Formalitäten

Wir haben das Motorrad 2005 per Luftfracht nach Kathmandu geflogen und von hier auch wieder nach Hause transportiert. Man braucht die üblichen Papiere und ein Carnet, das speziell für Indien gültig gestempelt ist. Indien ist sehr bürokratisch, für bestimmte Grenzregionen sind Permits erforderlich.

### Unterkunft und Verpflegung

Ein Zelt hatten wir zwar dabei, aber nicht gebraucht. Unterkünfte sind im dicht besiedelten Indien leicht zu finden, wenn man keine europäischen Ansprüche stellt.

### Literatur und Karten

Die Karten von Nelles waren recht zuverlässig. Dazu z.B. der Reiseführer aus dem Reise-Know-How-Verlag, es gibt viel Auswahl.

### Fahrzeug

Robustes Motorrad, bevorzugt Enduro. Man kann auch in Delhi die einheimischen, in einer alten britischen Fabrik in Madras produzierten Royal Enfields mieten, die aber lahm, unzuverlässig und unbequem sind; außerdem haben sie keine Gepäckkoffer.

### Fotografie

Damals hatten wir die zu der Zeit neue Canon EOS 1Ds Mark II mit 15er-Fisheye, 17-40, 24-70 und 100-400 mm Brennweite dabei. Es waren insgesamt 52 GB an CF-Karten verfügbar, und alle Bilder wurden im Jpg-fine-Modus gepeichert, der Platz reichte so eben aus.

Parks finden wir eine Lodge, die auch einen Elefanten besitzt. Den nehme ich den ganzen Nachmittag als Reittier in Beschlag. Außer einem der extrem seltenen Panzernashörner im hohen Gras halten sich alle Tiere versteckt. So genießen wir die wilde Flusslandschaft mit Blick auf den Himalaja-Hauptkamm. Über Nacht spielen Kinder mit dem Navigationsgerät am Motorrad und schalten es nicht aus, sodass am übernächsten Morgen die Motorrad-Batterie leer ist. Die Hotelangestellten schieben uns an. Wir rollen mit viel Schwung los und starten, aber als Claus im nächsten Dorf runterschalten will, bemerken wir mit Schrecken, dass die Schaltgabel bei der Aktion gebrochen ist. Mit viel Geschick und rauchender Kupplung schleichen wir im stecken gebliebenen vierten Gang die Pässe nach Kathmandu hoch. Bloß keinen Lkw vor uns lassen, denn bremsen dürfen wir nicht. Und wenn einer uns den Weg versperrt, überholt ihn Claus mit halsbrecherischem Manöver in den engen Kehren – alles im Vierten. Kurz vor Kathmandu bleibt uns auf einem steilen Hang die Puste weg, weil ein lahmes Auto uns nicht vorbeilässt. Ich steige bei fahrendem Motorrad ab, blockiere den Gegenverkehr mit fuchtelnden Händen, damit Claus umdrehen kann und erneut mit Schwung den Hang hinauffährt. Ich laufe natürlich hinterher und spring wieder hinauf, als Claus den Hügel erreicht. Die gleiche Qual im Stadtverkehr von Kathmandu, aber wir schaffen es aus eigener Kraft!

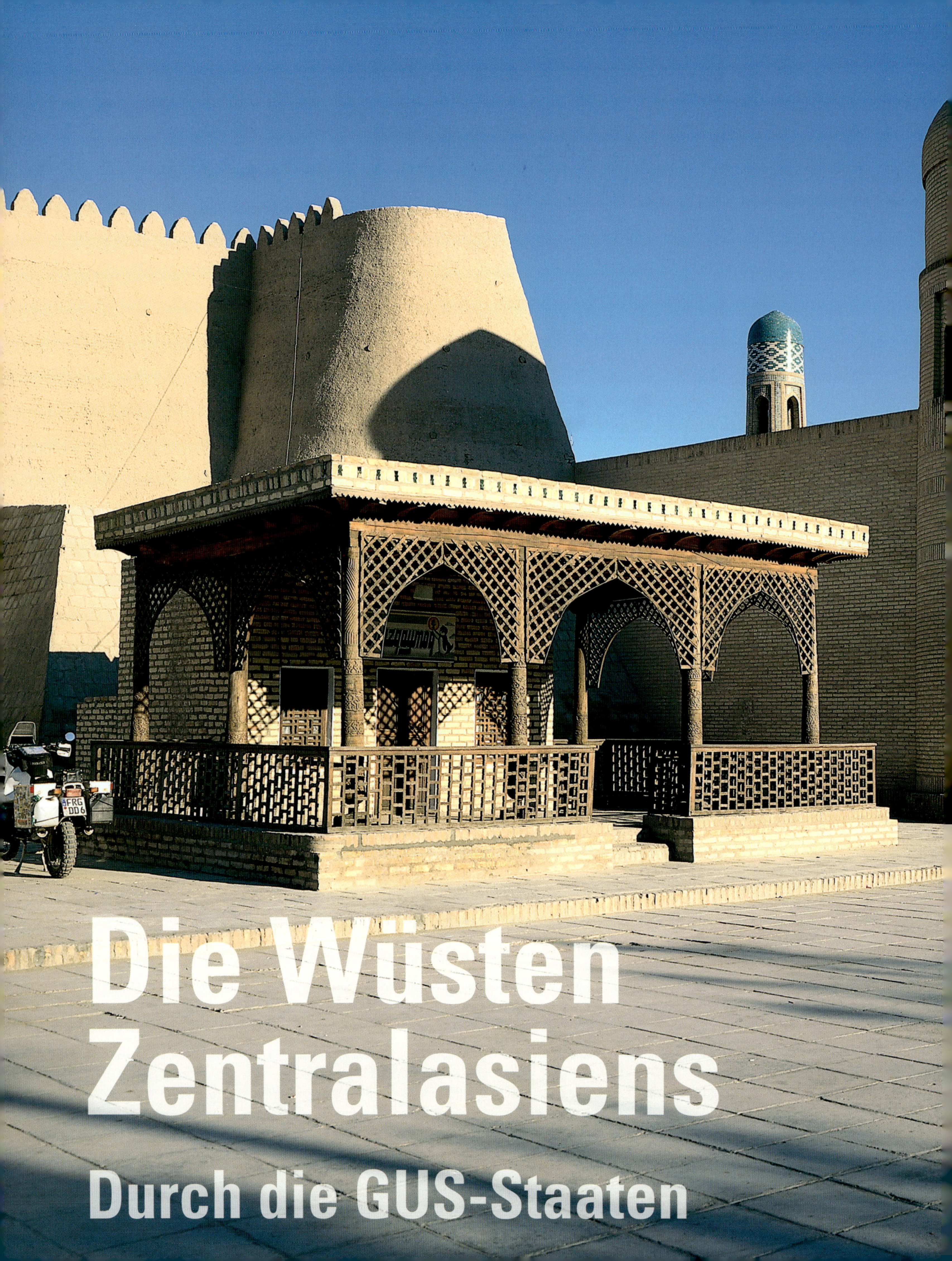

# Die Wüsten Zentralasiens

## Durch die GUS-Staaten

*Ziel dieser sehr speziellen Tour ist die Ansicht einer religiösen Welt zwischen der Kisilkum-Wüste und dem Pamir-Gebirge, der die Sowjet-Besatzung wenig anhaben konnte. Sie war bisher auch organisatorisch die schwierigste – die bürokratischen Bestimmungen der geplanten Reiseländer erwiesen sich als besonders tourismusresistent. Entlohnt wurden wir mit einer spektakulären Landschaft in der Kisilkum-Wüste und einer touristischen Motorrad-Erstdurchquerung durch das entlegene Pamir-Gebirge.*

*von Anna Possberg*

# Schwierige Einreise

Im Frühjahr 2003 geben uns unzählige Anrufe bei den Botschaften einen Vorgeschmack auf unser zukünftiges Verhältnis mit den störrischen Behörden der GUS: Turkmenistan lässt zurzeit keine Fremden ein »wegen SARS-Gefahr«, eine Einreise mit eigenem Fahrzeug stellt eine Gefahr für die nationale Sicherheit dar. Tadschikistan scheint komplett versperrt und somit die Pamir-Durchquerung ein entfernter Traum. Kasachstan und Usbekistan verlangen eine Einladung von einer einheimischen Organisation. Das lässt sich durch ein deutsches Visa-Beschaffungsunternehmen gegen viel Geld lösen. Auf einer Reisemesse knüpfen wir Kontakt zu einer staatlichen Tourismusagentur in Tadschikistan, die uns mit einer Einladung und den benötigten Erlaubnissen für den Pamir hilft. Nach aufreibenden Monaten haben wir im August die Unterlagen zusammen.

## Kasachstan

Zentralasien überrascht durch krasse Kontraste: Neben teuren, italienischen Läden und luxuriösen Villas erheben sich versiffte Plattenbauten. Der Verkehr in Almaty ist das ultimative Chaos. Sehr viele sehr teure Autos mit undisziplinierten, dominanten Fahrern und sehr viele Unfälle. Wir fliehen Richtung Schymkent, entlang des Tienschan-Gebirges, das sich hinter schwarzen, drohenden Wolken den ganzen Tag versteckt. Die Steppe ist ungewöhnlich grün für diese Jahreszeit, da es viel geregnet hat.

Die Tankstellen in ganz Zentralasien verlangen Nerven: Zuerst bezahlen wir an der Kasse die geschätzte Menge Benzin, die in den Tank reinpassen könnte, und dann wird das Benzin aus dem Zapfhahn gepresst, ohne Ausschalter. Falls wir uns verschätzen, was bei einem 45-Liter-Tank leicht passiert, spritzt der Sprit über den Tankrucksack auf den heißen Auspuff.

## Usbekistan

Auf einer Brücke über einen Nebenfluss des Syrdarja dürfen wir nach Usbekistan passieren. Die Pässe werden ziemlich schnell kontrolliert, man nimmt uns die Einreisescheine ab und wir sind frei. Doch nur wenige Minuten vergehen, bis uns die usbekische Miliz aufhält. Sie kontrolliert alle, die ungewöhnlich erscheinen. Wir fahren weiter, da kommt noch ein Posten und in der ersten Stadt noch einer. In Taschkent staunen wir über die modernen Hotels. Sie gehen hier richtig verschwenderisch mit dem Wasser ihrer extravaganten Brunnen um, obwohl sie mitten in der Wüste wohnen. Als wir am nächsten Morgen 200 Euro umtauschen, bekommen wir gleich eine Schuhschachtel Sum, die einheimische Währung, dafür. Jetzt weiß ich, warum sogar die Männer hier Ledertaschen tragen. Es sind eigentlich Geldbörsen. Claus sucht den Weg ins fruchtbare Ferghana-Tal mangels Beschilderung auf dem GPS. Vor dem Kamcik-Pass versperrt uns eine Armee-Kontrolle den einzigen Weg ins traditionsreiche Tal. Wir müssen absteigen, und Claus verschwindet lange zum Verhör in ihr Häuschen. Ich bleibe alleine mit den wilden Männern, die mich angrinsen, und wage es trotz Hitze nicht einmal, meinen Helm abzunehmen. Unten im Tal sind wir die Sensation. Claus, ein großer Mann zwischen den kleinen Usbeken, und ich, eine blonde Frau mit grünen Augen. Um uns seine Gastfreundschaft zu zeigen, verscheucht ein Herr geduldig alle Gaffer, die sich um uns scharen, während wir schwarzen Tee trinken, Brot und süße Honigmelonen essen. Trotz des Wüstenklimas spendet der große Fluss Syrdarja angenehme Kühle.

*Vorangehende Doppelseite: Stadttor von Chiwa (Usbekistan; großes Bild). Unsere Gastgeberfamilie in Karakul (Tadschikistan; kleines Bild).*

*Linke Seite: Zelten auf der eisigen Pamir-Hochebene. Das Motorrad ist ölsparend auf die Seite gelegt (Tadschikistan).*

*Oben: Relikte des blutigen Bürgerkriegs im Pamir Ende der neunziger Jahre (Tadschikistan).*

*Unten: Eine verrostete Zapfsäule ist schon da, die Autos malen wir dazu ... (Tadschikistan)*

## Nach Samarkand und Buchara

In Bulungur biegen wir von der Hauptstraße ab und fahren querfeldein über einen reißenden Fluss, durch Tabakfelder und auf Sandwegen. Prompt pfeifen uns zwei Milizposten zurück. Sie deuten auf unsere Anmeldepapiere in den Pässen, etwas stimme nicht. Der Chef kommt noch dazu, und es scheint, als werden wir noch lange aufgehalten. Erst als ich aufgekratzt Claus auffordere, den Konsul anzurufen, ändert sich sofort die Stimmung, und wir bekommen die Pässe zurück. Freundlich zeigt man uns den Weg nach Urgut. Plötzlich stehen wir vor riesigen Kuppeln, die türkis in der Sonne glänzen: Samarkand, die legendäre Stadt der Seidenstraße. Eindrucksvoll ist die Totenstadt, Shah-i-Zinda, mit kunstvollen Mausoleen. Auf dem Weg nach Buchara verschlingt uns die verdorrte Einöde der Karsi-Wüste, ab und zu von riesigen Gas- und Erdölanlagen unterbrochen. Heißer Nordwind aus der Kisilkum-Wüste trocknet unseren Mund aus. Buchara taucht wie eine Oase inmitten von Dornengestrüpp und Salztümpeln auf. Die schmalen Gassen schlafen menschenleer in der Mittagshitze, und heißer Wüstenwind fegt Staub durch Paläste und Lehmhäuser.

## Durch die Kisilkum-Wüste

Am nächsten Tag fahren wir um vier Uhr morgens los, um den größten Teil der lebensfeindlichen 560 Kilometer nach Chiwa in der Kühle zurückzulegen. Der mächtige Fluss Amudarja schillert türkis neben uns, aber es wächst kein Busch hier. Er verdunstet im Deltabereich im Sand, mitten in der hier entstehenden Wüste, und erreicht heutzutage nicht mehr den inzwischen weitgehend ausgetrockneten und versalzten Aralsee, vor Jahren noch der viertgrößte See der Welt und heute eine riesige Umweltkatastrophe. Ursache ist die intensive Wasserentnahme im Oberlauf des Amudarja und des Syrdarja durch die zur Sowjetzeit angelegten Bewässerungssysteme für die Baumwollmonokultur sowie der globale Temperaturanstieg. Herr Osmonov, Enkel des letzten Khans Chiwas, hilft uns, Gebäude zu sehen, die wir nie gefunden hätten. Am Abend suchen wir lange

nach Benzin und wundern uns, dass eine solche Stadt keine Tankstelle hat. Endlich finden wir in einem kleinen, versteckten Hinterhof gutes Benzin aus russischen Fliegerkanistern, geschmuggelt aus Turkmenistan. Frühmorgens geht es weiter, dem sich langsam rötenden Horizont entgegen. Die monotone Wüste will nicht aufhören und ich verfalle schon in einem Dämmerzustand. Zurück in Buchara, will sich Claus das Hinterradgetriebe ansehen, da es Öl absondert. Ein defektes Hinterradlager bringt das Öl zum Sieden, vier der Kugeln sind pulverisiert. Wir finden auch eine Lösung: ein Lager aus einem alten Lada-Getriebe. Beim Sonnenaufgang fahren wir über karge Berge im Süden Usbekistans. Die ständigen Polizeikontrollen sind bei der Hitze noch lästiger. Im Zentrum von Termiz gehen wir in das Hotel, wo die deutschen Soldaten für den Afghanistan-Einsatz untergebracht sind. Obwohl Fremde da aus Sicherheitsgründen nicht rein dürfen, macht der Spieß für die unangekündigten Besucher aus der Heimat mal eine Ausnahme.

*Linke Seite oben: Im Panj-Tal an der Grenze zu Afghanistan (Tadschikistan).*

*Linke Seite Mitte: Die Reifen der Fahrzeuge sollen den Weizen dreschen (Tadschikistan).*

*Linke Seite unten: Durch die Schlucht des Panj (Tadschikistan).*

*Oben: Blick in den Hindukusch (Tadschikistan).*

*Nächste Doppelseite: Blick auf den Pamir über den Kara-Kul See (Tadschikistan).*

HPN
1040 cc

## Tadschikistan

An der Grenze zu Tadschikistan müssen wir zweisprachig die usbekischen Zolldeklarationen ausfüllen, die Koffer werden kontrolliert, und dabei sind sie an dem von uns in Buchara erworbenen, verzierten Säbel sehr interessiert und packen ihn gierig aus. Ich bin entschlossen, nicht ohne den Säbel weiterzufahren, und nach meinen vielen Neins auf ihr Begehren packen sie ihn schön wieder ein. Auf der tadschikischen Seite kontrolliert man schnell unsere Pässe, denn der Beamte war mit den übergebliebenen 4000 usbekischen Sum zufrieden. Die Gegend scheint sich kaum vom südöstlichen Usbekistan zu unterscheiden, bis auf die blau uniformierten Polizisten, die uns aus dem Verkehr heraus pfeifen, nur um uns »Welcome in Tadschikistan« zu sagen. Das »Hotel Tadschikistan« in Dushanbe scheint das einzige brauchbare in der Hauptstadt zu sein. Für 60 Euro lassen wir uns gerne mal verwöhnen, zumal die Eingangshalle einen guten Eindruck macht. In modernen, messingpolierten Liften gleiten wir bei klassischer Musik in den fünften Stock. Doch dort erwartet uns der krasse Gegensatz: ein winziges Zimmer mit kaputten Pressspanmöbeln und zwei durchhängenden Betten. Das Bad bildet den Höhepunkt, auf engstem Raum haben sie es geschafft, Klo, Dusche und Waschbecken unterzubringen. Nach genauerer Untersuchung entdecken wir einen Schlauch, der um einen alten rostigen Wasserhahn gewickelt ist, um diese Objekte auch mit Wasser zu bedienen. Wir haben Audienz bei Gafarov Khassim, Minister für Verkehr und Tourismus der Tadschikischen Republik. Er empfängt uns sehr freundlich in seinem Büro und erzählt uns über seine Tourismusprojekte in den Fann-Mountains im Norden Tadschikistans. Wir lassen Mr. Gafarov unsere Pässe für die Pamir-Erlaubnis zurück und diskutieren lange mit ihm über die touristischen Möglichkeiten des Landes. Man merkt sofort, dass er ein Mann ist, der etwas bewegen will. Er kämpft um Vereinfachung der Formalitäten für die Einreise und bringt Reporter von »National Geographic«. Er hinterfragt, warum in Zentralasien keine festen, schönen Häuser gebaut werden wie in Europa. Und erzählt uns, dass es hier viel wichtiger ist, zehn Autos, Frauen mit Goldzähnen und eine Rolex zu besitzen, als etwas Dauerhaftes aufzubauen. Zentralasien wurde vom Feudalismus direkt in den Kommunismus gerissen, und jetzt fällt es zurück in den Feudalismus. Die Marktwirtschaft haben sie nie gekannt. In der Nacht kann ich kaum einschlafen aus Ekel vor den Scharen von fetten Kakerlaken, die im feuchten Bad ihr Unwesen treiben. Um 9 Uhr morgens werden alle Gäste aus dem Zimmer befohlen und – amtlich überwacht – die Kakerlaken vergast.

## Im Fann-Gebirge

Am Ansob-Pass, Richtung Norden, regnet es heftig. Das schroffe Gebirge beeindruckt uns mit seinen wild gezackten Spitzen. Wir flicken schnell einen Reifen. Es geht weiter durch spektakuläre Schluchten der Fann-Gebirge. Kurz vor Penjikent erneut ein Platten. Auch jetzt ist das Szenario perfekt: Es wird dunkel, wir sind müde und in einem Dorf umringt von 30 lärmenden Kindern, die uns beim Pumpen auch noch einen Handschuh klauen. Trotz einfacher Verhältnisse fühlen wir uns sehr wohl bei Nekfsoh, unserem Gastgeber und seiner Frau in Penjikent. Nach dem Frühstück, das wir traditionell auf dem Boden essen, besichtigen wir die alte Stadt. Nachdem Alexander der Große die Sogder unterworfen hatte, verließen diese ihre alte Hauptstadt Samarkand und bauten Penjikent auf. Von der alten Pracht sind heute nur noch die Spuren der Religion Zarathustras, den Feueranbetern, zurückgeblieben, dessen Bräuche

*Linke Seite oben: Sandfahren vor der Kulisse des verschneiten Pamir in über 4000 Meter Höhe.*

*Linke Seite unten: Am Yssykköl-See (Kirgistan).*

*Unten links: Die Medrese von Buchara (Usbekistan).*

*Unten rechts: Detailreiche Verzierungen der Medrese (Usbekistan).*

auch heute noch in den tadschikischen Häusern gepflegt werden. Wir fahren danach weiter zu den sieben Lapislazuli-Seen. Sie reihen sich auf an einem wilden klaren Bach, voneinander durch natürliche Staudämme getrennt. Beim letzten schlagen wir unser Zelt auf. Später erst erfahren wir von einem Hirten, dass dieses Grenzgebiet von den Usbeken aus der Luft vermint wurde. Bei einem herrlichen Bilderbuchwetter erreichen wir den türkisblauen Iskanderkul-See abseits der Hauptpiste, verborgen zwischen hohen Gipfeln und roten Felsen.

## Durch die Kriegszone

Aus Duschanbe fahren wir weiter Richtung Khorog. Der Weg führt in schwindelnder Höhe über eine braune Brühe, die in die rote Schlucht abfließt. Teilweise sind riesige Geröllfelder zu überqueren. Immer wieder liegen verrostete, zerschossene Panzer am Wegesrand, und verbeulte Schilder warnen vor Landminen. Während der Sowjetzeit wurden ethnische Unruhen zwischen den verschiedenen Provinzen unter Kontrolle gehalten, aber nach der Unabhängigkeit in den Neunzigern kam es zum blutigen Bürgerkrieg. Die islamisch-demokratische Koalition kämpfte gegen die Regierung für die Autonomie des Pamir-Gebiets. Erst 1998 legten sie die Waffen endgültig nieder, als Folge der Aufforderung des Aga Khans, des Oberhaupts der Ismaeliten. Das Hotel nahe der neuen Brücke nach Afghanistan ist wie eine kleine Oase, kühl, sauber und hübsch. Für den Lake Sarez im Nordosten des Landes brauchen wir eine spezielle Erlaubnis, die wir nicht haben. Also entscheiden wir uns für die Route Khorog–Ishkashim–Hargush-Pass–Lake Toktogul. Wir fahren den ruhigen Panj-Fluss entlang Richtung Ishkashim, an der afghanischen Grenze. Hier warten wir bei einem KGB-Kontrollposten eine Stunde, da unsere Pässe zuerst registriert werden, dann wird in Ishkashim angerufen, und dann wartet man, bis der russische Kommandant sein Okay gibt. Es gibt uns ein trauriges Gefühl, wenn die armen afghanischen Kinder sehnsüchtig über den Fluss herüberblicken. In Ishkashim repariert Claus notdürftig mit Montierhebeln und einem Spanngurt meinen rechten Fußraster. Der rechte Koffer hält sich nur noch an zwei Punkten, da der Rastenträger durch die starken Schwingungen gerissen ist. Ein Wagen hält an, und zwei bewaffnete Soldaten fordern uns barsch auf, uns auch in Ishkashim beim KGB zu registrieren. Dort behandeln sie uns äußerst unfreundlich und bedeuten, dass das Motorrad zuerst mal im Verschlag weggesperrt werden müsse. Sie betrachten es als eine Frechheit, dass wir nicht perfekt Russisch sprechen. Erst als Claus Papiere und Einladung vom Ministerium herausholt, lässt man uns in Frieden.

## Abenteuer Pamir

Der Weg steigt steil an. Wind wirbelt den feinen Sand durch die Luft. In Vrang dürfen wir im ärmlichen Krankenhaus übernachten, in einem Zimmer mit Wänden aus Lehm und Holzboden. Die Kranken bringen ihr Bett und Essen selber mit. Die Hindukusch-Gipfel begleiten uns, bis wir an einem Nebenfluss des Panj abbiegen, der eine tiefe Schlucht in die Berge geschnitten hat. Hier erstreckt sich eine karge, endlose Wüste in über 4000 Meter Höhe. Unsere Ölwanne leckt nach einer Flussdurchfahrt mit fußballgroßem Geröll. Claus repariert sie provisorisch mit einer ekligen, blauen Dichtungspaste. Mir wird übel und ich leide unter starken Kopfschmerzen wegen der Höhe. Die vielen spitzen Kalkbrocken erschweren die Fahrt. Bei einer tiefen Flussdurchquerung müssen wir absteigen und das Motorrad schieben. Das eiskalte Wasser strömt in meine Stiefel. Weil es langsam dunkel wird, zelten wir auf einer flachen Anhöhe. Ich fühle mich so schlecht, dass

*Unten links: Panne auf 4200 Meter Höhe im Pamir (Tadschikistan).*

*Unten rechts: Zeltplatz im Pamir (Tadschikistan).*

*Rechte Seite: Am Song-Köl See (Kirgistan).*

*Nächste Doppelseite: Der »Pamir-Highway« (Tadschikistan).*

ich mich gleich ins Zelt lege und Claus kocht mir liebevoll eine Suppe. Die Kälte scheint überall zu sein und ich leide an Atemnot. Am nächsten Morgen werden wir von vielen, neugierigen Kindern beobachtet, und die Mama bringt uns eine Schale Butter. Claus holt ein Stück altes Brot, das die Einwohner gern mitnehmen, denn Brot gibt es hier oben nicht. Nach Dzilandij erreichen wir ein hohes Plateau, wo wir den schönen Ausblick auf den Pik Karl Marx genießen und entlang des Shahdara-Flusses zurück nach Khorog gelangen. Ein Mechaniker schweißt meinen Fußrastenhalter notdürftig zusammen, während ich in der Stadt nach Reserve-Motoröl suche. Am Pass Kajtezek bemerken wir, dass wieder Öl aus der beschädigten Ölwanne austritt. Abdichten hilft nicht richtig. Vor Alikur breitet sich eine fantastische Mondlandschaft zwischen zwei Salzseen aus. Dort bleiben wir, das Motorrad auf die Seite gelegt, damit kein Öl verloren geht. Nichts als Wüste rund um uns. Der fauchende Wind zerrt am Zelt. Am Morgen sind es gerade mal minus fünf Grad Celsius, doch die Sonne erwärmt diese Einöde schnell. Salz glitzert wie Schnee im Morgenlicht. Claus versucht erneut, das Motorrad abzudichten. Steinschlag hat den Ganghebel zertrümmert. Mühsam lässt es sich mit dem verbliebenen Rest schalten. In Murghab tanken wir Benzin aus bunten Limonadeflaschen. Die Stadt strahlt die Atmosphäre eines Ortes aus, der eine Atomkatastrophe überlebt hat. Der 4655 Meter hohe Pass Akbajtal (»Weißes Pferd«) schlängelt sich über riesige Geröllhalden. Wind und Schnee haben hier alle Felsen zu Staub und Schotter zermalmt. Der kalte Wind fegt uns fast vom Motorrad. Inmitten einer skurrilen Gebirgswüste, umgeben von schroffen Pamirriesen, erstreckt sich der leblose, kalte See Karakul, ein fünf Millionen Jahre alter Meteoriteneinschlagkrater. Der eisige Wind weht so stark, dass wir kein Zelt aufbauen kön-

nen. Im Dorf am Rande des Sees nimmt uns eine freundliche Frau sofort in ihrem Haus auf. Ein großes Zimmer, ausgestopft mit Plüschkissen und einem Ofen in der Mitte, der wohlige Wärme spendet. Alle schlafen in dem einzigen Raum: zwei Kinder, die Frau, die alte Oma, der Mann und wir zwei. Am Morgen liegt das Dörfchen verschlafen in den frisch mit Schnee gepuderten Bergen. Alles scheint friedlich, doch der nahe gelegene elektrische Zaun, Grenze zu China, zeugt von Brutalität, Autorität und Willkür. Die Grenzkontrollen am Kizilart-Pass dauern nicht lange, vielleicht weil es dort oben so kalt und windig ist. Die Straße steigt ab durch rotgrüne Berge auf die kirgisischen Seite, wo eine Reihe von bewaffneten Posten zunächst schikanieren und den Weg versperren. Hinter uns bleiben die schönen weißen Spitzen des Pamir zurück. Auf der miserablen, teilweise weggewaschenen Piste nach Saritash haben wir wieder eine Reifenpanne, die Claus aber schnell löst.

## Kirgistan

In der Drogenmetropole Osh erleben wir einen Kulturschock nach zwei Wochen Pamir. Viele Leute, Rummel und rücksichtslose Fahrer. Ein weißer Lada rammt uns von der Seite. Ich erschrecke stark und zeige den Stinkefinger. Zu spät sehe ich, dass es Polizisten sind. Wir fliehen im Verkehrsgetümmel. Gott sei Dank finden wir eine Werkstatt, die unsere Ölwanne endgültig abdichten kann. Weiter geht es nach Arslanbob mit seinen Walnussbäumen, wo wir einen Pferdeausflug machen. Nach einem erneuten Plattfuß erreichen wir den Ssong-Köl-See. Hier stürmt es, ab und zu leuchtet die Sonne zwischen riesigen schwarzen Wolken, und der klare See glitzert ruhig zwischen den

### Dokumentation

Die zentralasiatischen Staaten Kasachstan, Usbekistan, Tadschikistan und Kirgistan sind aus der zerfallenen Sowjetunion übrig geblieben und liegen in einer vielfältigen Gebirgs- und Wüstenlandschaft. In Tadschikistan gab es bis Ende der neunziger Jahre einen blutigen Bürgerkrieg, 2005 im Ferghana-Tal in Usbekistan schwere Unruhen. Die teils autokratischen Regierungen und die Ungerechtigkeiten sind immer wieder Anlass zu Auseinandersetzungen. Die historische Seidenstraße verläuft durch alle vier Länder.

### Klima und Reisezeit

Im Flachland heiß und trocken, wenig Niederschläge, steppen- oder wüstenhaft. Im Sommer teils über 50 Grad tagsüber. In der Hochwüste des Pamir tagsüber 10 bis 20 Grad, nachts sind warme Schlafsäcke gegen Frost erforderlich. Es regnet selten, dann aber heftig. Als Reisezeit kommt nur Mai bis Ende September infrage, da sonst der Pamir nicht passierbar ist.

### Anreise und Formalitäten

Die Visa, Einladungen und Genehmigungen zu bekommen ist mühsam und teuer. Es sind Passierscheine, polizeiliche Meldescheine und separate Permits für bestimmte Gebiete nötig, die nur über vorher geknüpfte Beziehungen erhältlich sind. Das Motorrad wurde per Lkw nach Almaty gebracht. Die Auslösung aus dem Zoll erfordert Russischkenntnisse und Geduld. Der Rücktransport war zwar einfacher, aber doppelt so teuer.

### Unterkunft und Verpflegung

Die Hauptstadthotels waren ausnahmslos überteuert, mit schlechtem Service und schmuddeligen Zimmern. Vereinzelt gibt es Privatunterkünfte. Ohne Zelt geht es nicht, die Strecken sind lang, und im Pamir gibt es kaum Infrastruktur. Landestypisches Essen ist in allen größeren Orten zu bekommen.

### Literatur und Karten

Lonely Planet: »Central Asia«. Damit kommt man klar. Die anderen Reiseführer können wir nicht wirklich empfehlen. Karte von Nelles und vom Reise-Know-How Verlag (world mapping project). Im Pamir hatten wir mangels Alternative russische Militärkarten dabei.

### Fahrzeug

Zuverlässige Enduro mit Endurobereifung und gut abschließbarem, geräumigem Koffersystem. Reichweite von 500 Kilometern empfehlenswert.

### Fotografie

Ich habe mit meiner analogen Mittelformatsucherkamera Mamiya 7 und den Brennweiten 43, 80 und 150 mm fotografiert, parallel auch mit einer kleinen Nikon Digital-Kompaktkamera damaliger Technologie (Coolpix 5700).

bedrohlichen Schneegipfeln. Die schmalen, grünen Ufer sind mit Jurten, Kamelen und Pferden übersät. Am Südufer – wieder ein Platten, weil sich die Flickenränder ausgefranst haben. In Tamzu, am Issykköl-See, entdecken wir eine skurrile Villa am Strand, die sich als nettes Hotel erweist. Nach Umrundung des großen Sees überqueren wir problemlos die Grenze nach Kasachstan und fahren weiter bis nach Almaty, wo wir gegen Abend ankommen. Das Abenteuer auf der Seidenstraße kommt hier zum Ende.

*Oben: Noch ein kalter, hoher Zeltplatz in der Pamir-Hochebene (Tadschikistan).*

*Rechte Seite oben: Afghani-Eselsreiter in Godo-Badakshan (Tadschikistan).*

*Rechte Seite obere Mitte: Spritmarkt in Murghab (Tadschikistan).*

*Rechte Seite untere Mitte: Unfallwarnung (Kirgistan).*

*Rechte Seite unten: Mühsame Geröllpiste im Pamir (Tadschikistan).*

*Nächste Doppelseite: Abfahrt vom Pass Akbajtal – das heißt übersetzt »Weißes Pferd«, 4655 Meter (Tadschikistan).*

Australien
Der rote Wüstenkontinent

*Der rote, kaum besiedelte Wüstenkontinent hat viel mehr zu bieten als Sandwüste und Stein. Mit einer vor Ort gekauften Einzylinder-Enduro geht es auf einer Rundreise durch den trockensten aller Kontinente auf abenteuerlichen Pisten. Wir besuchen das Great Barrier Reef, den Dschungel an der Nordspitze sowie die monumentalen roten Inselberge im Zentrum der roten Wüste Australiens.*

*von Claus Possberg*

# Ins rote Herz

Ein Flug nach Australien dauert lang, vor allem 1992, als noch mehrere Zwischenlandungen erforderlich waren. Ich hatte auf eine Kleinanzeige in einem Motorradheft hin mit einem ausgewanderten Deutschen den Kauf einer alten, gebrauchten Yamaha XT600 vereinbart. Der Verkäufer verpflichtete sich nach der Reise zum Rückkauf. Leider hatte das Motorrad keinerlei Gepäcksystem, für eine Fahrt mit Sozia eigentlich unverzichtbar. Daher war ich mit einer handelsüblichen Trägerlösung und Alukoffern angereist, die nachher an der Maschine verbleiben sollten, eine ideale Lösung.

## Das Federbein bricht ab

Nach einer Stadtbesichtigung Sydneys geht es zunächst durch die »blue mountains«, mit bizarren Felsformationen. Der Name kommt von der bläulich glänzenden Blattoberfläche der Eukalyptusbäume. Über Brisbane geht es zur Ostküste, zunächst auf die Sandinsel Fraser Island, wo erstmals das Geländefahrwerk ausgiebig getestet wurde. Die tropische Vegetation ist wunderschön, aber nach kurzer Fahrt bricht die Kolbenstange des Zentralfederbeins komplett ab und das Hinterrad schleift im Radkasten fest. Bereits nach einem halben Tag kriegen wir durch die selbstlose Hilfe eines Händlers ein Ersatzfederbein vom Schrottplatz. Viele Enduromodelle, die bei uns durchaus üblich sind, werden nicht in Australien gefahren, aber die verfügbaren Modelle sind weit verbreitet und billiger als daheim (damals etwa 20 bis 30 Prozent). Das gilt besonders für Gebrauchtmaschinen, die allerdings viel mehr im Gelände bewegt werden als bei uns.

## Koalas und das Great Barrier Reef

In Bundaberg gibt es eine Kolonie der seltenen Koalabären. Anfang des letzten Jahrhunderts wurden Millionen der Tiere geschossen, bis der Bestand auf etwa 500 Stück reduziert war. Einige Jahre später waren die Koalas in Südaustralien ausgerottet. Erst 1937 wurden die letzten Überlebenden geschützt. Da Koalas nur spezielle Eukalyptusblätter fressen und somit auf die verbliebenen Waldbestände angewiesen sind, ist die Haltung in Zoos außerhalb Australiens sehr schwierig. In Bundaberg war es aber sogar möglich, die süßen Tiere in den Arm zu nehmen, völlig harmlose Pflanzenfresser, die bis gut zehn Kilo schwer werden können. Sie sind, wie die Kängurus, Beuteltiere, nur geht der Beutel im Gegensatz zu den Kängurus nach unten auf – ob das praktisch ist? Nun geht es weiter nach Norden an der Ostküste entlang, mit dem Schiff auf die tropischen Withsunday Islands und weiter nach Cairns. Mit einer Bootstour konnte man hier individuell das damals noch nicht von der Korallenbleiche zersetzte Great Barrier Reef betauchen. Es ist einfach unglaublich, was sich hier für ein farbenfrohes, vielfältiges Leben entwickelt hat. Ich fand es ungeheuer lohnend. Im Jahr 1981 wurde das Riffsystem von der UNESCO zum Weltnaturerbe erklärt. Zwischenzeitlich ist eine regelrechte Tourismusindustrie mit Hunderten von Touranbietern entstanden.

## Salzwasserkrokodile

Um weiter in den tropischen Norden zu gelangen, ist nun die Überquerung des tideabhängigen Daintree Rivers nötig. Als wir am Flussufer ankommen, staunen wir nicht schlecht, wie breit (über 200 Meter) und wie tief (rund ein Meter) der Fluss hier ist. Sein Wasser ist salzig, da er sich hier bereits mit Meerwasser mischt, das bei Flut landeinwärts strömt. Es gibt nichts zu überlegen, da der Wasserspiegel jede Minute steigt. Das Warnschild vor den Salzwasserkrokodilen am Anfang der Furt irritiert allerdings etwas. Ich beiße die Zähne zusammen und schiebe die Maschine durch – nur die Spiegel schauen noch raus. Wieder am Ufer läuft das Wasser aus Auspuff und Luftfilter im Schwall raus, natürlich lässt sich das Motorrad zunächst nicht mehr ankicken. Erst eine zweistündige Zerlege- und Trocknungsaktion führt schließlich zum Erfolg. Etwas schockierend war dann noch das Foto eines zerfleischten Pferdes im nächsten Pub, das hatte nämlich auch versucht, den Fluss zu durchqueren.

Über eine Regenwaldpiste erreichen wir jetzt zügig Cooktown, die letzte Stadt mit guten Versorgungsmöglichkeiten auf dem einsamen Weg Richtung Cape York. Hier werden nochmals Material und Sprit gebunkert, dann geht es auf zunächst guten, dann aber eher schwierigen und teils sogar matschigen Pisten zur tropischen Spitze Australiens. Eine ungeheuer vielfältige Natur umgibt uns, man trifft keine Reisenden. Man trifft vereinzelt Aborigines (Ureinwohner), denn für Farmen ist der magere tropische Boden wenig geeignet. Viele Tierarten, die sonst nur in Neuguinea vorkommen, leben hier, etwa die putzigen Bennett-Baumkängurus.

## In die rote Wüste

Entlang einer roten Sandpiste folgen wir jetzt in das rote Zentrum Australiens, eine der größten und trockensten Wüsten unserer Erde. Hunderte um Hunderte Kilometer sind zu fahren, Eintönigkeit und Monotonie umgibt mich – trotzdem ist äußerste Konzentration gefragt. Es

*Vorangehende Doppelseite: Nur noch wenige Aborigines leben traditionell (Australien; großes Bild). Vor dem berühmtesten Stein Australiens, dem Ayers Rock (kleines Bild).*

*Linke Seite: Auf Fraser Island (Australien).*

*Oben: Die Salzwasserkrokodile sind extrem gefährlich, sie werden bis zu sieben Meter lang (Australien).*

*Unten: Nach der Durchquerung des brusttiefen Daintree Rivers war der Motor total abgesoffen.*

*Linke Seite oben: Die Devil Marbels, im Roten Zentrum (Australien).*

*Linke Seite unten: Road Trains sind Lastzüge mit über 50 Meter Länge, bis zu drei Anhängern und 132 Tonnen Gewicht (Australien).*

*Rechte Seite oben: Kata Tjuta – die Olgas – sind monolithische Inselfelsen in der Wüste. (Australien)*

*Rechte Seite unten: Die Opal-Schürfer hinterlassen tiefe Schächte im Gelände (Australien).*

*Nächste Doppelseite: Der staubige Oodnadatta Track verläuft 620 km durch die rote Wüste (Australien).*

passiert, was in solchen Situationen gern passiert, mit etwa 100 Stundenkilometern erwische ich eine besonders tiefe rote Sandrille, die Gabel wird mir aus der Hand gerissen und wir stürzen. Gott sei Dank ist außer einer Beule im Alukoffer nichts passiert. Jetzt wird auch noch der Sprit knapp, wir erreichen nur mit Mühe eine Tankstelle im Outback. Die sind hier teilweise weit über 300 km auseinander. Ich hatte von

daheim extra einen »Desert«-Tank für die Yamaha mitgebracht, um den Spritvorrat um etwa zwölf Liter aufstocken zu können, denn der Serientank ist für Fernreisen bei der klassischen XT600 natürlich viel zu klein. Bei Tennant Creek erreichen wir die Nord-Süd-Piste »Stuart Highway« (heutzutage übrigens längst durchgehend geteert). Riesige Trucks mit mehreren Anhängern, sogenannte Road Trains, mit einem Ladevolumen von bis zu 132 Tonnen und Zuglängen von über 50 Metern donnern hier vorbei. Schon Minuten vorher kann man die grollenden Geräusche und den Sandsturm, den ihr Fahrtwind erzeugt, am Horizont wahrnehmen. Diese Riesengespanne dürfen zwar formal nur 100 Stundenkilometer fahren, erreichen allerdings im Outback auch deutlich höhere Geschwindigkeiten, da die nächste Radarpistole oft Hunderte von Kilometern weit entfernt ist. Sie sind immer mit zwei Fahrern besetzt, sodass durchgehend im Wechsel gefahren werden kann, zum Parken sind die Maschinen ein-

THE BIGGEST FLASHES
ARE AT MINTABIE
NOBBYS
GENERAL STORE, PETROL
J&N'S
GEN. STORE, CHEMIST
DAMIENS
MECH. REPAIRS, WELDING
SECOND HAND
NEW & USED GOODS
HARDWARE
GENERAL, L.P. GAS
J&T TYRES
DIESEL, BATTERIES
CARAVAN PARK
ACCOMMODATION, MEALS
MINTABIE OPAL FIELDS
MINTABIE OPAL FIELDS ONLY 35KM OFF MAIN RD.
PERMITS AVAILABLE AT MARLA POLICE STATION.
OODNADATTA
SOME INFORMATION FOR TRAVELLERS:
THE GREAT ARTESIAN BASIN
LAKE EYRE
CALL NOW ~ THE TOLL FREE

ACK
TO FLINDERS RANGES
NOTE NEW ACCESS!
TO OODNADATTA VIA MARLA
DALHOUSIE
HOT WATER PONDS FOR SWIMMING!
OODNADATTA
POPULATION 150
YOU ARE HERE!
A 'NEW' WAY to OODNADATTA via the 'PAINTED DESERT'
STOP PRESS!
FOR DETAILED INFORMATION ON THE SIMPSON DESERT, DALHOUSIE THERMAL PONDS...& OODNA. TRACK areas...
...ASK
MAX BURTON'S NEW TOURIST PARK
PETER CAUST UNDERGROUND BOOKS COOBER PEDY
PORT AUGUSTA
600

fach zu teuer, erläutert mir einer der Fahrer. Wenn sich so ein Road Train ankündigt, wenden wir uns ab, bis er passiert hat.

## Ayers Rock und die Olgas

Die Strecke nach Alice Springs ist weit, wir fahren, bis der Hintern eine lederartige Oberfläche annimmt, und erreichen schließlich die einzige nennenswerte Stadt in Australiens rotem Wüstenzentrum. Fantastische Wüstenlandschaften tun sich in den MacDonnell Ranges und um den Ayers Rock auf. Sie bestehen aus blutrotem Sandstein, der im Sonnenuntergang grell orange aufleuchtet. Der Ayers Rock, den die hier lebenden Aborigines auch »uluru« nennen, ist ein Inselberg, stark verwittert und aus erdgeschichtlicher Zeit übrig geblieben. Man findet viele eingeborene Höhlenzeichnungen an seinen Wänden, wenn man, wie wir, hinaufwandert (der Aufstieg ist allerdings heutzutage nur noch sehr eingeschränkt möglich). Wenig weiter liegen die Olgas (Kata Tjuta), ebenfalls eine Sandstein-Formation mitten in der Wüste, weit weniger bekannt und besucht, aber mindestens genau so sehenswert. Wir folgen dem Oodnadatta Track durch die Simpson Desert, verspurte Sandpisten durch ein Nirgendwo mit einem Pub und Tankstelle alle paar hundert Kilometer. Rote Riesenkängurus laufen mit dem Motorrad um die Wette, ich messe über 80 Stundenkilometer. In der Wüste sind immer wieder tiefe Löcher, wo Opalsucher ihr Glück versuchen. In Coober Pedy, im südlichen Teil des australischen Outback gelegen, ist man Hunderte von Kilometer von der nächsten Ansiedlung entfernt. Die extremen Sommertemperaturen und der Opal-Abbau haben dazu geführt, dass die meisten Einwohner in unterirdischen Wohnhöhlen, sogenannten »dugouts«, leben und in Minenschächten arbeiten. In den Opal-Schleifer-Läden kann man die Steine bewundern und kaufen, auch hier sind sie in guter Qualität sehr teuer.

## Der Süden und Tasmanien

Die Wüste geht im Süden rasch in eine Steppenlandschaft über. Wenig weiter wird es richtig grün im Grampians-Nationalpark, wo es bizarre Felsformationen gibt sowie zahlreiche Kängurus und Wombats (kleine Beutelsäuger mit bärenähnlichem Aussehen). Entlang der Südküste geht es nun auf einer Route, die als eine der »Traumstraßen dieser Erde« gilt, vorbei an zerklüfteten Felsen, die Namen tragen wie die »Zwölf Apostel«, weiter nach Melbourne, die südlichste Millionenstadt der Welt. Eine Fähre bringt uns in elf Stunden auf die Insel Tasmanien, eine der abgelegensten Gegenden der Erde mit einer einmaligen Natur und vielen Arten, die nur noch hier vorkommen. Zurück auf dem Mainland geht es noch durch üppige Weinbaugebiete und Mittelgebirge nach Canberra, der kleinen, künstlich angelegten Hauptstadt im Busch von Australien, dann zurück nach Sydney, wo die Reise begann. Die letzten paar Hundert Meter muss ich die alte Yamaha noch schieben. Wir haben einen Kolbenfresser, wahrscheinlich Folge des vielen Staubs und der salzigen Flussdurchquerung.

*Oben: Die Zwölf Apostel an der Südküste im im Port-Campbell-Nationalpark (Australien).*

*Linke Seite oben: Aborigines im Kriegslook (Australien).*

*Linke Seite unten: Wallaby mit Jungtier, die kleinen Felskängurus (Tasmanien).*

*Nächste Doppelseite: Kata Tjuta – die Olgas – aus der Luft gesehen, im Hintergrund der Ayers Rock (Australien).*

## Dokumentation Australien

Australien ist nicht nur ein Land, sondern ein ganzer Kontinent. Es lassen sich geografisch drei Großlandschaften unterscheiden. Das Tafelland des Westaustralischen Plateaus nimmt etwa 60 Prozent des Kontinents ein. Hier liegen die großen Trockengebiete der Großen Sandwüste, der Gibsonwüste, der Großen Victoriawüste und der Nullarbor-Wüste. Ein Großteil der westlichen und zentralen Landesteile ist unbewohnbar. Im Outback findet sich aber teilweise auch Platz für extensive Weidewirtschaft – 130 Millionen Schafe und 25 Millionen Rinder. Die Zahl der Einwohner beträgt auf dieser riesigen Fläche nur etwa 20 Millionen, von denen weit über die Hälfte in den fünf Millionenstädten leben. Australier sind ausgelassen und hilfsbereit. Sie interessieren sich kaum für Politik, dafür mehr für Sport. Der Lebensstandard ist hoch, wie in Mitteleuropa. Die beschriebene Strecke war 1992 teilweise in einem schlechtem Pistenzustand, die Verhältnisse haben sich aber deutlich gebessert, viele Strecken sind inzwischen auch asphaltiert.

### Klima und Reisezeit

Aufgrund der großen Nord-Süd-Ausdehnung des Landes gibt es sehr unterschiedliche Klimazonen. Der Norden ist tropisch, es schließt sich ein subtropisches Gebiet an, im Süden ist das Klima gemäßigt. Im Sommerhalbjahr, das von November bis April andauert, treten im Norden aufgrund eines Hitzetiefs starke Regenfälle auf. Zusätzlich kommt es über der Timorsee zu Wirbelstürmen. Südaustralien liegt zu dieser Zeit im subtropischen Hochdruckgürtel und bleibt weitgehend niederschlagsfrei. Im Winterhalbjahr, Mai bis Oktober, bleibt dagegen der Norden aufgrund eines Hochdruckgebiets trocken, Süden und Südwesten des Landes liegen in der Westwindzone und sind Niederschlägen ausgesetzt. Das Zentrum des Landes bleibt ganzjährig weitgehend trocken. 80 Prozent der Fläche Australiens sind semiaride und aride Gebiete mit weniger als 250 Millimeter Niederschlägen im Jahr.

### Anreise und Formalitäten

Falls man ein eigenes Fahrzeug importiert, muss man mit sehr scharfen Kontrollen rechnen: Kein Holz verwenden für die Verpackung, keine Insektenreste (um die einheimische Fauna zu schützen). Das Fahrzeug muss außerdem den australischen Zulassungsvorschriften (Fahrsicherheit, Beleuchtung, Lärm und Abgas) entsprechen, entseucht werden mit einem speziellen Gift, die Behörden sind hier noch penibler wie die unsrigen. Für die Einreise ist ein Visum erforderlich, wobei das Verfahren inzwischen auf einen Online-Antrag umgestellt wurde.

### Unterkunft und Verpflegung

Meine 14 000 Kilometer lange Strecke ging auch immer wieder durch unbewohnte Steppen- und Wüstengebiete, somit war ein Zelt erforderlich. Entlang der Hauptrouten findet man einheimische Hotels und Herbergen, wie sie z.B. von Lkw-Fahrern benutzt werden. Die Verpflegung ist problemlos, solange man sich nicht länger im Outback aufhält. Die Preise entsprechen denen in Europa.

### Literatur und Karten

Es gibt zahlreiche Reiseführer, z.B. Australien-Tourenplaner von Christiane Cohnen oder den Lonely Planet »Australia« (in Englisch). Dazu den Australien-Straßenatlas, den man für den Tankrucksack zerlegen kann.

### Fahrzeug

Zuverlässige Enduro mit Endurobereifung und gut abschließbarem, geräumigem Koffersystem. Reichweite von 400 Kilometern empfehlenswert (für manche Outback-Strecken auch wesentlich mehr). Zur Erhöhung der Reichweite hatte ich mir von zu Hause einen 25-Liter-Ajerbis-Plastiktank mitgebracht und montiert: Die Australienreise habe ich auf einer damals bereits neun Jahre alten XT600 durchgeführt, die ich in Sydney einem schon viele Jahre in Australien lebenden Deutschen abgekauft hatte, der sie mir gegen 1000 Mark Abschlag wieder zurücknahm.

### Fotografie

Damals habe ich mit meiner analogen Kleinbild-Spiegelreflex vom Typ Pentax LX mit den Brennweiten 17, 35, 85 und 200 mm auf Kodakchrome 25 und Ektachrome 200 fotografiert.

# So überleben Sie

von Claus Possberg

## 1. Grundsätzliches

Durchführung und Organisation einer Motorradfernreise: für jeden, der selbst auf große Tour gehen möchte. Das Reisen, wie ich es verstehe, ist nicht im Detail planbar – immer mit Unwägbarkeiten und auch gewissen Risiken verbunden. Es belohnt aber mit einmaligen, echten Erlebnissen, die es nirgendwo als Pauschalurlaub zu buchen gibt. Diese Darstellung ist gekürzt. Details finden sich auf meiner Webseite (www.possi.de).

### 1.1 Ist das Motorrad das richtige Verkehrsmittel?

Das Motorrad hat viele Nachteile. Es ist viel langsamer als ein Flugzeug, unbequem, hat Verletzungsrisiken, man friert, wird nass oder schmutzig. In vielen Ländern wird sehr rücksichtslos gefahren – eine gute Reaktionsfähigkeit und realistische Einschätzung des Geschehens sind unabdingbar. Bei allen objektiven Nachteilen, Motorradfahren ist auch eine Ideologie. Wer diese Freiheit einmal wirklich genossen hat, setzt sich nicht mehr freiwillig in einen Bus oder ins Auto.

### 1.2 Solo oder mit welchem Partner?

Auch wenn ich gern mit Sozia solo fahre, sind Fernreisen, die tagelang durch wüstenartige oder anderweitig nicht ganz ungefährliche Gebiete verlaufen, mit einem selbst fahrenden Partner sicherer. Vor allem, wenn man sich erstmals über Pisten-Langstrecken wagt, sollte man nicht ohne Begleitung fahren. Ein technisches Problem oder nur ein verstauchter Fuß können einen Alleinfahrer ganz schön in Schwierigkeiten bringen. Für das Gelingen des »Miteinanders« auf einer Fernreise sind ein paar wesentliche Gesichtspunkte abzustimmen: Fahren wir fest zusammen oder können wir uns jederzeit trennen? Welche Art der Übernachtung? Welchen täglichen Kostenrahmen hat jeder? Wie weit fahren wir täglich und wie viele Pausen und Pausentage braucht jeder? Was passiert mit der Tour, wenn ein Partner verletzt oder krank wird? Oder wenn sein Motorrad kaputt ist? Fahren wir etwa das gleiche Tempo? Bevor man seine Traumreise mit einem Partner/Partnerin antritt, ist eine Absprache dieser Punkte unbedingt nötig. Heute im Internetzeitalter ist es viel leichter geworden, sich passende Partner zu suchen, z.B. in Foren oder durch eine eigene Motorrad-Webseite.

### 1.3 Wahl des Reiseziels – die sieben Kontinente

Europa ist ideal für Motorradtouren dank Vielfalt, erstklassiger Infrastruktur und einfacher Erreichbarkeit. Nordamerika bietet ebenfalls eine gute Infrastruktur und Sicherheitslage sowie enorm viele Möglichkeiten; für Naturliebhaber genauso wie für Stadtschwärmer. Ideal für den Tourenfahrer, der sich nicht vor langen Strecken scheut, aber auf der Teerstraße reisen will. Der Lebensunterhalt ist relativ teuer, dafür der Sprit billig. Südamerika ist extrem vielfältig und spektakulär, mit armen, unsicheren wie auch entwickelten Ländern. Anreise und Transport sind teuer, das Leben dagegen nicht. Afrika ist immer noch der ultimative Thrill für den Motorradreisenden: Tausende Kilometer Piste mit eingeschränkten Versorgungsmöglichkeiten, fremde Kulturen, völlig fehlendes Sicherheitsverständnis, Korruption und Mangel sind tägliche Normalität. Asien ist riesig, der Mittlere Osten, Indien, Zentralasien, Russland, Südostasien und China sind völlig unterschiedliche Ziele. Die Infrastruktur ist aufgrund der oft hohen Bevölkerungsdichte durchaus vorhanden – aber nicht überall. Fehlendes Sicherheitsverständnis im Verkehr sind auch hier das Problem. Dazu kommt v.a. in den GUS-Staaten, Indien und Pakistan die extreme Korruption, auf die man sich einstellen muss. Australien und Neuseeland sind dagegen problemlos, wobei Australien eine riesige einsame Wüste hat, die natürlich eine angemessene Vorsicht und Vorbereitung erfordert. Antarktika – als siebter Kontinent – ist kein Motorradreiseziel. Ein Freund aus Neuseeland hat seine Enduro auf einem Eisbrecher dorthin gebracht und ist ein paar Hundert Meter im Schnee herumgefräst, um »den Siebten« auch gemacht zu haben.

### 1.4 Motorrad-Transport

Es gibt drei Möglichkeiten: Entweder startet man zu Hause, oder man nimmt seine eigene Maschine mit (das ist mein Favorit), oder man

besorgt sich ein Motorrad vor Ort. Für fernere Ziele in Europa bietet sich der Autozug oder ein Anhängertransport an. Einige Ziele lassen sich auch gut per Fähre erreichen, z.B. Skandinavien, Schottland, Island, Korsika, Griechenland, Nordafrika, Türkei. Fernziele erfordern einen Transport per Spedition. Lkw-Transport ist für Zentralasien, Iran, Russland und Türkei verfügbar. Es empfiehlt sich, Speditionen zu kontaktieren, die die Ziele gut kennen und selbst regelmäßig anfahren. Für Lufttransport hat die LTU von Deutschland aus eine Ausnahmestellung, denn sie bietet den Transport von Motorrädern zu Fernzielen unverpackt auf Aluminium-Luftfracht-Paletten in normalen Passagierjets an. Diese Transporte sind meist günstiger als entsprechende Luftfracht-Speditionen. In vielen Fällen sitzt man sogar im gleichen Flieger. LTU vermarktet das über leisure-cargo.com bzw. über Reseller wie gs-sportreisen.de oder bikeworld-travel.de. Neben einigen innereuropäischen Zielen schafft man hier sein Motorrad problemlos nach Marokko, Tunesien, Kenia, Namibia und Südafrika sowie z.B. nach Mexiko und Kuba. Andere Ziele erfordern heutzutage ein vollständiges und möglichst platzsparendes Verpacken des Motorrads in eine Kiste, da die Fluggesellschaften unverpackte Motorräder normalerweise aus Sicherheitsgründen nicht mehr akzeptieren. Der Transportpreis errechnet sich aus den sogenannten Volumenkilogramm, einer Formel, wo Volumen und Gewicht eine Rolle spielen, dazu kommen noch diverse Zuschläge für Gefahrguttransport, Treibstoffkosten, Lagerkosten, Agenten- und Handlingsgebühren. Bei Seefracht spielt das Gewicht keine Rolle, es wird nach Volumen gerechnet. Heute wird üblicherweise in Containern transportiert, die Preise sind knapp kalkuliert. In einen 20-Fuß-Container passen sechs bis acht Motorräder. Einzeltransport in Kisten ist auch möglich, aber meist nicht wesentlich günstiger als im Flugzeug. Die Nachteile des Seetransports sind gravierend: Wochenlanger Transportweg, Salznebelexposition, Verspätungen von Wochen sind die Regel, Diebstahlgefahr in Häfen, hohe Beschädigungsquote, schleppende und oft korrupte Abfertigung.

*Linke Seite: Für eine Bergung sind Spanngurte nützlich (Namibia).*
*Rechte Seite: Im Erongo-Gebirge (Namibia).*

### 1.5 Motorrad vor Ort beschaffen

Viele Motorradhändler und Auto-Mietstationen, besonders in den USA, aber auch in Südeuropa, Australien, Neuseeland, Chile bieten Mietmotorräder an. Meist ist das zwar nicht genau das, was man sucht (vor allem die Ausstattung mit Gepäcksystemen und großen Tanks lässt oft zu wünschen übrig), jedoch bis drei Wochen Reisedauer die preiswerteste Methode. Ab fünf Wochen ist normalerweise der Transport des eigenen Motorrads die günstigere Variante. In Afrika sind vernünftige Mietmotorräder – außer in Südafrika und Namibia – nicht zu finden, an länderüberschreitende Reisen ist damit nicht zu denken. Ähnliches gilt auch für alle anderen Dritte Welt Regionen. Wer eine wirklich lange Zeit unterwegs ist, kann sich auch ein Motorrad vor Ort kaufen, z.B. in Australien, in Südostasien, Chile/Argentinien oder in Nordamerika. Für China ist das sogar die einzige Variante, weil der Import des eigenen Fahrzeugs nach eigener Erfahrung absurd schwierig und teuer ist. Wir stellen hohe technische Ansprüche an ein Motorrad – es kann sehr schwer sein, etwas Passendes zu finden; Zubehör ist noch schwieriger zu finden und sollte gegebenenfalls mitgebracht werden (Koffersystem, größerer Tank etc.).

Linke Seite:
Für extrem entlegene Regionen wie hier das Panj-Tal muss jeder Partner autark sein (Tadschikistan).
Rechte Seite: Staub ist eine Belastung fürs Material. Pampa-Wüste (Argentinien)

## 1.6 Art der Streckenführung

Ob man nur Straße oder auch Pisten und im Extremfall heftig offroad fahren will – die ganze Vorbereitung ist davon abhängig: Maschinenwahl, Reifen, Reichweite, Gepäckgewicht spielen eine entscheidende Rolle. Die Route ist auf den schwächsten Teilnehmer abzustimmen – hinsichtlich Fahrfertigkeiten und Tauglichkeit der Maschine. Gezielte Punkt-zu-Punkt-Reisen haben erfahrungsgemäß einen erheblich höheren Erlebniswert als Rundreisen. Es hat sich bewährt, zunächst die interessanten Ziele auf der Karte zu markieren und dann die attraktivste Strecke zu suchen, die diese Punkte verbindet – möglichst fernab der Hauptstraßen. Trennen Sie sich von der Idee, dass die »Panamerikana« oder die »Route 66« ein Reiseziel sind, nur weil sie einen bekannten Namen tragen. Die wirklich reizvollen Strecken sind verborgener. Heutzutage hilft die Fülle der Informationen aus dem Internet, früher war vieles einfach Glück. Für Straßenfahrten sind 400 Kilometer am Tag schon in Ordnung, 200 Kilometer auf schlechten Pisten dagegen eher viel. In den Tropen geht um sechs Uhr morgens die Sonne auf und um 18 Uhr wieder unter, und es wird innerhalb einer Viertelstunde stockdunkel. Fahren bei Nacht ist in vielen Ländern extrem gefährlich. Auch wer wirklich viel fährt, sollte nicht mehr als 2000 Kilometer pro Woche planen, unter schwierigen Bedingungen eher 1000 bis 1500 Kilometer.

### 1.7 Die beste Reisezeit

Sie erfüllt folgende Eigenschaften: Die Temperaturen bewegen sich zwischen 15 und 35 Grad, es regnet nicht oder selten, es sind keine lokalen Ferien, Feiertage oder Naturkatastrophen zu erwarten. Geht eine Reise durch verschiedene Klimazonen, dann sind zwangsweise immer einige Kompromisse zu schließen. Anhaltspunkte liefern Klimadiagramme in guten Atlanten oder im Internet, Reiseführer und Empfehlungen anderer Reisender. Definitiv meiden sollte man die Sommermonate in den großen Wüsten, wo der Wasserverbrauch in den zweistelligen Literbereich geht – logistisch nicht zu schaffen und gefährlich.

## 2. Wahl des richtigen Motorrads

Wer gern reist, wird sinnvollerweise seine Maschine auf die Reisegewohnheiten abstimmen. Ich gehe nur auf Motorradtypen ein, die meines Erachtens eine Eignung für Reisen aufweisen, wie sie in diesem Buch beschrieben sind.

### 2.1 BMW 2V GS

Diese Boxer-Baureihe ist der Klassiker unter den Reise-Enduros. Das erste Modell R80 G/S kam 1980 auf die Welt. Fahrwerk und die dünne Gabel entsprechen nicht mehr heutigen Anforderungen, das Heck war gelegentlich abgeknickt unter Last. Das 1987 nachfolgende Modell R80 GS bzw. R100 GS hat ein modernisiertes Fahrwerk mit besserer Gabel und stärkerem Heckrahmen. Speziell die Version mit dem »Dakar«-Tank ist wegen guter Reichweite und robuster, wartungsfreundlicher Konstruktion immer noch sehr beliebt unter Fernreisenden. Auch wenn die Werbung von BMW den Anschein erwecken wollte: Die GS-Modelle waren nie Sportgeräte. Im Rallyestil über die Pisten zu brettern, liegt ihnen nicht. Die beliebte Baureihe wurde 1996 eingestellt. Es gibt einige Spezialisten, die die 2V-GS-Modelle zu wettbewerbstauglichen Groß-Enduros umgebaut haben. Der bekannteste und seit 1979 aktive Betrieb ist die Firma HPN in Seibersdorf in Niederbayern. Durchbruch war der Dakar-Sieg von Auriol 1981. Auch die Rallye-Ikonen Rahier, Hau und Schalber fuhren erfolgreich auf HPN-BMW-GS-Motorrädern. Meine weiße HPN-BMW, die ich selbst 1989 aus einem Ersatzrahmen einer Rallye-HPN und Teilen einer normalen R80 G/S Dakar aufgebaut habe, ist im Prinzip baugleich mit den Dakar-BMWs von HPN. Diese Motorräder sind leicht (um 190 Kilogramm leer) und haben rund 75 PS in einem Spitzenfahrwerk mit 30 Zentimeter Federweg, Kardanantrieb und mit dem 45-Liter-Tank eine extreme Reichweite (ich habe schon über 800 Kilometer erreicht). Alte Technik, derart aufgewertet in der Summe der Eigenschaften – aus meiner Sicht – immer noch aktuell.

### 2.2 BMW 4V GS

Modernes Boxer-Konzept mit hoher Spitzenleistung, modernem Fahrwerk und günstigem Verbrauch. Sehr gute Verarbeitung. Leider vollgestopft mit Elektronik, die in meinem Freundeskreis bereits mehrfach unzuverlässig war. Unverständlich ist, warum BMW bei den neueren Modellen eine Canbus-Verkabelung verwendet. Bei Elektrikproblemen ist man unterwegs ohne Diagnosecomputer aufgeschmissen. Die Federwege reichen für normale Pisten allemal aus. Das Fahrzeug ist extrem breit gebaut, insbesondere in der Adventure-Version mit dem empfehlenswerten großen Tank. Kein Leichtgewicht, aber tiefer Schwerpunkt, das erleichtert kniffeliges Langsamfahren im Gelände. Große Fangemeinde mit riesigem Zubehörangebot. Noch nicht mein Favorit, aber insgesamt sehr reisetauglich.

### 2.3 Honda Afrikatwin und Transalp

Extrem zuverlässige Vielzweckmotorräder mit sehr gutem Fahrwerk. Gute Qualität der Komponenten sorgt für sehr hohe Zuverlässigkeit. Im Rahmen der Modellpflege verfetteten die Maschinen zunehmend auf bis zu 238 Kilogramm, dafür wurde der Tank immer kleiner – eine ähnliche Entwicklung machten damals fast alle Enduros durch. Die Baureihe wurde leider 2000 eingestellt und durch die wenig offroadtaugliche Varadero ersetzt. Die Kunstoffverkleidung ist bruchempfindlich und teuer. Auch heute noch ein sehr empfehlenswertes Gerät, natürlich nur noch gebraucht zu bekommen.

### 2.4 KTM 950/990

Echte Sportmotorräder mit erstklassigem, langhubigem Offroad-Fahrwerk, das auch bei hoher Geschwindigkeit alle Pisten glattbügelt. Definitiv mit den großen Rädern das beste Groß-Enduro-Fahrwerk auf dem Markt. Ruppiger und rasch hochdrehender, sehr trinkfreudiger Motor, der erst ab 100 Stundenkilometern im höchsten Gang fahrbar ist, da die sehr geringe Schwungmasse für Wettbewerbseinsatz optimiert ist – äußerst ungünstig für den Tourenbetrieb. Konstantfahr-Ruckeln und andere lästige Elektronik-Krankheiten trüben das Bild

beim Einspritzer und erschweren unnötig langsames Fahren auf kniffeligen Passagen. Wenn KTM den Motor stark nachbessert und die Reichweite von derzeit 250 bis 280 Kilometer auf mindestens 500 Kilometer erhöht, wäre es aktuell das konkurrenzlose Fahrzeug für Pistenfernreisen.

### 2.5 Sonstige Zweizylinder (BMW F800 GS, Suzuki V-Strom, Kawasaki Versys)

Die neue BMW F800 GS ist leicht, gut gefedert und extrem sparsam, sie gäbe eine interessante Basis für eine Fernreisemaschine, da sie mit einem 30-Liter-Tank etwa 700 Kilometer weit kommen müsste. Die Suzuki V-Strom und die Kawasaki Versys werden von den Besitzern gelobt, sie sind für den Straßeneinsatz optimiert.

### 2.6 Triumph Tiger

Der Tiger 955i und die Vorgänger sind Reisemaschinen mit dem Schwerpunkt Straße und Komfort. Der seidige Dreizylinder begeistert jeden, der ihn probiert hat. Hohe Reichweite mit dem 24-Liter-Tank dank niedrigen Verbrauchs. Das neue Modell Tiger 1050i ist ein reines Funbike und kann nicht als Nachfolger bezeichnet werden.

### 2.7 Einzylinder

Im Laufe der Jahre gab es, beginnend mit den legendären Yamaha XTs, den Suzuki DRs, den Honda XLs und den jüngeren KTM-LC4-Modellen, viele sehr geländegängige und puristische Motorräder. Sie alle bieten niedrige Kosten, Wartungsfreundlichkeit, relativ niedrigen Verbrauch und Zuverlässigkeit bei normaler Fahrweise. Nachteilig sind die ständigen Vibrationen und der geringe Komfort auf langen Strecken. Wer damit leben kann, findet hier seinen Freund fürs Leben. Die Maschinen machen auf schlechten Wegen alles mit, ohne den Fahrer zu überfordern. Eine komfortablere Ausnahme bildet die 2007 eingestellte Einzylinder-BMW F650 GS. Sie ist etwas schwerer, dafür fährt sie unglaublich sparsam, und es gibt einige interessante Langstreckenumbauten, während für die meisten älteren Einzylinder keine Langstreckentanks mehr lieferbar sind.

## 3. Ausrüstung des Motorrads

An was ich alles denken muss und vor allem, was überflüssig ist.

### 3.1 Reichweite

Für echte Fernreisen der kritische Punkt, will man sich nicht ständig von der Lage der Tankstellen an der Hauptstrecke seine Route diktieren lassen. Auch an einsamen Teerstraßen findet man fast immer spätestens nach 300 Kilometern eine Tankstelle, auf Pisten fernab des normalen Verkehrs sieht das aber etwas anders aus. Die Faustregel für die Reichweite ist: mindestens doppelt so weit, wie die zu erwartenden Tankstellen auseinanderliegen. In vielen Ländern, insbesondere der Dritten Welt, sind 500 Kilometer Reichweite kein Luxus, sondern ein Muss. Wenn eine Tankstelle trocken ist, fährt man stressfrei weiter zur nächsten. Seit die Dakar-Rallye aus Afrika verschwunden ist, sind Motorräder mit serienmäßigem Langstreckentank leider selten geworden. Es gibt eigentlich nur noch die BMW GS Adventure. Für manche populäre Motorräder lässt sich ein größerer Zubehörtank nachrüsten; zusätzlich findet man im spezialisierten Zubehörhandel auch noch sogenannte Hecktanks, die allerdings die Gepäcklösungen am Heck stören und daher allenfalls zusammen mit Weichtaschen am Heck harmonieren. Braucht man nur auf einer speziellen Etappe die erhöhte Reichweite, kann man sich als Notbehelf mit zwei Plastikkanistern helfen, die an die Seitenkoffer geschnallt werden. Sobald genug Platz im Haupttank ist, schüttet man sofort um und schenkt die leeren Kanister dann weg. Es ist dringend davon abzuraten, als Dauerlösung mit Benzinkanistern herumzufahren, denn jeder Ausrutscher kann zu einer Brandkatastrophe führen.

### 3.2 Reifenwahl und Ersatzbesorgung

Wer überwiegend auf Sand und Geröll in Wüstengebieten unterwegs ist, wird den Michelin Desert wählen, der robusteste, widerstandsfähigste und durchschlagresistenteste Motorradreifen auf dem Markt. Selbst die in vielen ariden Gebieten überall herumfliegenden, knochenharten, zentimeterlangen Dornen der Wüstenakazie vermögen ihn kaum zu durchbohren. Auf den ersten tausend Kilometern fährt sich der Desert grausig, vor allem auf Asphalt. Eine Alternative für Pisteneinsatz ist Pirelli MT21 Rallycross, der Metzeler Karoo, für gemischten Einsatz der Conti TKC80, der Metzeler Enduro 3 und der Michelin T63. Für Touren, die überwiegend auf Asphaltstrecken ablaufen, reicht jeder normale Enduroreifen. Die Ersatzreifenversorgung ist oft schwierig. In Afrika am ehesten in Windhoek, Kapstadt, Durban und Johannesburg, manchmal auch in Nairobi und in Kairo. Asien und Teile von Südamerika sind ebenfalls schwierig, da kaum große Motorräder gefahren werden. In Russland helfen die hilfsbereiten Motorradclub-Mitglieder bei der Suche. Ich nehme aus Platzgründen nie Ersatzreifen mit, lieber fahre ich reifensparend oder lege mir einen Nachkauf vorher zurecht (telefonisch vorausordern).

### 3.3 Gepäckunterbringung

Für Fernreisen bestehen folgende Anforderungen für ein Gepäcksystem: wasserdicht, stabil, Zugriff von oben (um unterwegs problemlos ran zu können), verschließbar. Damit scheiden die üblichen, sich zur Seite hin entleerenden Plastikkoffer schon aus. Stabile – also möglichst geschweißte – Aluminiumkoffer mit etwa zwei Millimeter Wandstärke (Rückwand zusätzlich verstärkt) und je 40 Liter Volumen (im Soziusbetrieb gern etwas mehr) sind die Transportmittel der Wahl. Man sollte sie kunststoffbeschichten lassen, um den schwarzen Alu-Abrieb zu vermeiden. Faserverstärkter Kunststoff wäre auch ein gutes Material, wird aber nicht angeboten. Für reine Offroad-Abenteuer kommen auch Weichtaschensysteme infrage. Hier gibt es aber mit Wasserdichtigkeit, schnellem Zugriff und Diebstahlfestigkeit gravierende Kritikpunkte. In den Tankrucksack kommen bei mir die Fotoausrüstung, Brillen, Geld und Papiere. Für alle Reisen gilt: Je weniger Gepäck, umso besser. Ein Gepäckgewicht von unter 15 Kilo pro Koffer ist sinnvoll und selbst im Soziusbetrieb mit ultraleichten Bergsteigersachen erreichbar.

### 3.4 Werkzeug, Verschleißteile und Improvisationsmaterial

Hochwertiges Werkzeug ist teuer, aber unverzichtbar: Was die Hersteller heute so ihren Fahrzeugen beilegen, ist regelrecht peinlich. Früher war zumindest das BMW-Bordwerkzeug umfassend und von guter Qualität. Man kommt nicht umhin, sein Werkzeug selbst zusammenzustellen. Wichtig ist, dass man Schlüssel für die wichtigsten Servicepunkte, Raddemontage und die Zündkerze dabeihat. Dazu kommt noch individuell zusammengestelltes Improvisationsmaterial, Klebstoffe, Dichtpasten, Flickzeug und Ersatzschläuche. Nimmt man die schlanken, leichten Sachen, dann reichen insgesamt zwei Kilo aus (eine genaue Liste mit Empfehlungen habe ich im Internet unter possi.de).

### 3.5 Motorradvorbereitung

Wichtig ist, dass das Motorrad technisch einwandfrei ist, insbesondere dass die typischen Verschleißteile (Kette, Kupplungsscheibe, Reifen, Kerzen, Ölfilter und Öle) in einem neuwertigen Zustand sind, will man unterwegs nicht Zeit mit der schwierigen Suche danach verschwenden. Modifikationen, die ein Motorrad

*Linke Seite:*
*Sandfahren geht nur mit Schwung. Atacama-Wüste (Chile)*

*Rechte Seite: Diese ersten Alukoffer Koffer erwiesen sich mit 2 mal 75 Litern als etwas zu breit. Monument Valley (USA)*

laut, unzuverlässig oder durstig machen, sind definitiv nicht das, was man für entspannte Langstreckenetappen braucht. Ein Anpassen der Sitzposition dagegen ist sinnvoll (z.B. durch Kippen oder Erhöhen des Lenkers, Absenken der Fußrasten, Umpolstern der Bank). Solange nicht triftige Gründe für Modifikationen sprechen, sollte man das Motorrad möglichst seriennah belassen, das gilt insbesondere für die modernen Fahrzeuge.

## 4. Ausrüstung des Fahrers/ Beifahrers

Ich empfehle für Fernreisen, die durch verschiedene Klimazonen führen, eine Textilkombi mit herausnehmbarem Goretex-Insert und vielen Belüftungsreißverschlüssen. Selbst in Wüstenregionen ist mitunter immer wieder mal mit heftigen Regenfällen zu rechnen. Ist es kalt – vor allem morgens – schützt das Insert gegen das Auskühlen durch den Fahrtwind. Darunter nach dem Zwiebelschalenprinzip folgende Kleidungsstücke: superleichte enge Daunenjacke, eng anliegende dickere Sportleggings und Sportpulli, dünner eng anliegender Rollkragenpulli, Funktionsunterwäsche, dünne Socken, davon ggf. zwei Paar übereinanderziehen. Wenn es warm wird, kann man stufenweise Sachen weglassen. Für Offroad-Touren sind stabile Langschaft-Endurostiefel zu empfehlen. Die ganz harten Modelle sind allerdings weder wasserdicht noch zum Gehen geeignet. Daher bevorzuge ich die wasserdichten, etwas zivileren Versionen von namhaften Herstellern wie Alpinestars, BMW, Daytona oder Kaiman. Moderne Kombis haben Protektoren, die einigermaßen schützen. Auf echten Wüstentouren entferne ich alle Protektoren aus der Jacke und ziehe ein sogenanntes Protektorenhemd darunter. Damit ist man nicht nur optimal geschützt, man kann die Kombi-Jacke, wenn es mal extrem heiß wird, auch völlig ausziehen und ist dann optimal belüftet. Die Protektoren der Kombi-Hosen im Kniebereich sind häufig nicht optimal, hier kann ein Austausch gegen Motocross-Protektoren den Schutz stark verbessern.

## 5. Essen und Übernachten

Schon daheim hat man sich entschieden, ob man überwiegend Camping oder Hotelübernachtungen plant. Ob man selbst kocht oder in Restaurants geht. Lässt man sich versorgen, kann man einiges an Gewicht und Platz für Ausrüstung sparen.

### 5.1 Trinken

Wasser ist in vielen Wüstengegenden ein wertvolles Gut: Ich habe in den Achtzigern Länder erlebt, da wurden Autos mit Diesel gewaschen, um Wasser zu sparen. In Dritte-Welt-Ländern sollte man grundsätzlich nie offenes Wasser trinken. Eine Verkeimung mit

*Linke Seite: In gefährlichen Regionen wie hier in der Ayacucho-Region sind täglich Auskünfte über Gefahren einzuholen (Peru).*

*Rechte Seite: Gegen Kälte schützt, wie hier in der Puya-Raimondii-Region, das beschriebene Zwiebelschalenprinzip (Peru).*

Kolibakterien, aber auch mit Salmonellen, Lamblien, Hepatitis, Cholera, Amöben, Typhus etc. ist leider häufig. Wo Menschen sind, finden sich heute fast immer die Eineinhalb-Liter-Plastikflaschen mit Trinkwasser. Bei Wassermangel führe ich am Heck immer einen Fünfliter-Kanister mit, der nach Bedarf mit gekauftem Trinkwasser gefüllt wird. Dazu habe ich noch eine Zwei-Liter-Trinkflasche aus Plastik dabei, wo man auch mal Cola, Tee oder Limo einfüllen kann. Für den Notfall sollte man Silberionen-Wasserentkeimungstabletten (Mikropur) mitnehmen, die funktionieren bei einigermaßen klarem Wasser zuverlässig, sofern die vorgeschriebene Einwirkdauer beachtet wird.

### 5.2 Essen

Wo immer möglich, gehe ich in lokale Restaurants oder kaufe vor Ort Obst und Brot ein. Falls das mal nicht möglich ist, führe ich ein paar schokoladenfreie Müsliriegel mit. Meine Spezialmischung aus Vollmilchpulver, Zucker und Müsli lässt sich mit Wasser zu einem nahrhaften Frühstück anrühren. Ein kleiner Benzinkocher verhilft notfalls zu warmen Tütensuppen, ist aber oft entbehrlich. Wer das echte Camperleben liebt – zu denen gehöre ich eigentlich nicht –, wird einen richtigen Kocher, Topf, Pfanne, Teller usw. zusätzlich benötigen. Das Zeug ist schwer und kostet Mühe für die anschließende Reinigung und das Wiedereinpacken, da lasse ich lieber mal ein großes Essen ausfallen.

### 5.3 Zeltsachen

Die braucht man auch als Nicht-Camper immer wieder einmal. Dann sollten sie aber extrem leicht und platzsparend sein. Moderne Bergsteigerzelte wiegen nur rund zwei Kilogramm, hochwertige Schlafsäcke mit Daunenfüllung für Komforttemperaturen im Bereich knapp unter null Grad gibt es schon unter einem Kilogramm. Als Schlafmatte sind die Thermarest in der leichtesten Ausführung in voller Länge und ab einer Dicke von 3,5 Zentimetern zu empfehlen (Achtung, die Matten sind sehr empfindlich gegen Stacheln).

### 5.4 Lokale Unterkünfte

Landestypische Pensionen, Hotels oder private Zimmer sind oft sehr einfach. Man lernt als Gast das Land besser kennen, ist geschützt gegen Hitze und Kälte und meist kriegt man auch etwas zu essen. In der Dritten Welt sind diese Unterkünfte viel günstiger als eine Zeltplatzgebühr in Europa, und man unterstützt seine Gastgeber. Von ihm erhalten Sie wertvolle Informationen für die weitere Reise oder treffen andere Reisende. Das Zimmer vorher besichtigen, Wasserhähne und Toilette testen, unter die Bettsachen sehen (wegen Ungeziefer), Preis vorher festlegen. Es ist nützlich, ein Vorhängeschloss dabei zu haben, denn speziell in Asien sind Zimmer oft nicht abschließbar, haben aber einen Riegel. Fragen sie auch immer, wo das Motorrad über Nacht sicher geparkt werden kann. Nicht selten dürfen Sie es ins Haus stellen.

## 6. Papier, Geld und Reiseunterlagen

Hier ist Sorgfalt gefragt, sonst sind Probleme vorprogrammiert. Die Zeiten, wo gastfreundliche Beamte über falsche Papiere oder fehlende Unterlagen mit einem Lächeln hinwegsehen, sind in einer Zeit, wo der »Krieg gegen den Terror« zur westlichen Ideologie wurde, definitiv vorbei.

### 6.1 Reisedokumente und Geld

Folgende Dokumente müssen gegebenenfalls mitgeführt werden: Flugticket, Motorrad-Transportpapiere mit Inventarliste, Fährtickets, Unterkunft-Voucher, Carnet fürs Fahrzeug, Pass mit allen Visa (womöglich, Visa zu Hause besorgen, spart Nerven), nationaler und internationaler Führerschein, nationaler und internationaler Fahrzeugschein, Versicherungsnachweis, Impfausweis, Allergiepass, internationaler Studentenausweis, Automobilclub-Mitgliedskarte, Passfotos. Alle Dokumente und Visastempel als Farbfotokopie nochmals getrennt mitführen. Wo es möglich ist, bezahlt man mit Kreditkarte. Am besten zwei Stück verteilt mitführen. Dazu Bargeld (heute werden fast überall Euro getauscht) an verschiedenen Punkten am Motorrad verteilt. Weitere Details habe ich im Internet unter possi.de.

### 6.2 Reiseführer

Folgende Kriterien sind wichtig: Der Führer sollte nicht älter als zwei Jahre sein, leicht (not-

falls nur die wichtigen Teile rausschneiden, besonders wenn man mehrere Reiseführer mitführt), klare Infos zu Übernachtungsmöglichkeiten und Streckenzustand haben und auch ein paar gute Fotos enthalten.

## 7. Sicherheit unterwegs

Zu Hause beginnt die Recherche in Reiseführern und im Internet. Besuchen Sie die Webseite des Auswärtigen Amtes, um aktuelle Reisewarnungen abzufragen. Vor Ort erkundigt man sich bei Einheimischen und bei anderen Reisenden nach Gefahren und Problemen. Auf kritischen Strecken, wo mit Versorgungsproblemen oder gar Überfällen zu rechnen ist, muss man Leute zu Rate ziehen, die definitiv Bescheid wissen. Das ist normalerweise die Verkehrspolizei und meine Lieblingsinformationsquelle: Lkw-Fernfahrer. Legen Sie sich nicht mit Beamten an, lächeln Sie, zeigen Sie nie westlichen Wohlstand. Für alle islamischen Staaten gilt: Solange sich die Situation im Irak nicht stabilisiert und die palästinensische Frage nicht in fairer Weise geklärt ist, könnten sich kurzfristig dramatische Situationen entwickeln. In solchen Augenblicken kann sich der Hass auf Amerikaner entladen, und wer weiß dann schon, dass Sie kein Amerikaner sind? Auf bestimmten Touren kann für den Notfall die Mitnahme eines Satellitentelefons sinnvoll sein. Fahren Sie extrem defensiv und nie bei Dunkelheit, schützen Sie sich rechtzeitig vor Kälte, Nässe und Hitze. Regelmäßig Reifen, Speichen, Bremsen und Fahrwerk überprüfen.

## 8. Gesundheit

Obwohl ich selbst Arzt bin, kann ich hier keine verbindlichen Ratschläge geben. Jeder ist für sich selbst verantwortlich und hat ein individuelles Gesundheits- und Sicherheitsbedürfnis. Bei Fernreisen in Tropengebiete sollte man zunächst in Reiseführern und auf den Webseiten der Tropeninstitute und der WHO nachlesen, mit welchen spezifischen Infektionsrisiken im Zielgebiet zu rechnen ist. Lassen Sie sich von einem Tropenmediziner beraten und impfen. Folgende Impfungen sind immer sinnvoll: Tetanus, Hepatitis, Polio. Wo viele bissige wilde Hunde rumlaufen – eigentlich überall in der Dritten Welt –, würde ich auch eine Tollwutimpfung empfehlen. Tollwut ist tödlich, Rettung in der Dritten Welt chancenlos. Ein 100-prozentiger Schutz vor Malaria ist nicht möglich, aber mit den passenden Medikamenten ist das Erkrankungsrisiko stark reduziert bzw. die Infektion verläuft nicht lebensgefährlich. Sagen Sie Ihrem Tropenarzt, dass die Medikamente keinesfalls Ihre Reaktionsfähigkeit einschränken dürfen. Ohne wirksamen Malariaschutz durch Hochrisiko-Malaria-Zonen zu fahren ist unverantwortlich, ich kann nur davor warnen, es gibt Millionen Todesfälle jedes Jahr. Halten Sie Mücken nachts mit Netzen fern und tragen Sie tags geschlossene Kleidung. Vermeiden Sie auch banale Verletzungen wie Kratzer – eine Infektion kann eine eiternde Wunde erzeugen, die ewig nicht heilt, da wir die Keime nicht gewöhnt sind. Aufpassen, wo man hintritt: Schlangen und Skorpione können überall verborgen sein, Motorradstiefel schützen sehr gut – man sollte sie daher anziehen, wenn man nachts zum Pinkeln geht. Bevor man Stiefel anzieht, dreht man sie um und klopft sie aus, um Ungeziefer zu entfernen. Das gilt auch für Schlafsäcke und Zelte. Was man in den Mund steckt, sollte entweder abgekocht, durchgebraten, geschält oder originalabgefüllt sein. Führen Sie ein Erste-Hilfe-Set mit und machen Sie sich vorher damit vertraut. Nehmen Sie im Notfall telefonisch Kontakt mit Ihrem Arzt auf (weitere Empfehlungen und eine Medikamentenliste finden Sie auf meiner Webseite possi.de).

## 9. Navigation

Es gibt einige Kartenverlage, die sich um die Straßenkartografie auch entlegener Weltregionen sehr verdient gemacht haben. Dazu gehört der Nelles Verlag in München, mit seinem hervorragend gezeichneten Kartenbild, wie auch das World Mapping Project des Reise-Know-How Verlages mit seinen auf weißer Folie gedruckten, wasser- und reißfesten Karten. Spezielle Kartenhandlungen führen darüber hinaus eine Vielzahl spezieller lokaler Karten und topografischer Blätter sowie für Sonderfälle die Fliegerkarten der US-Armee und des russischen Generalstabs. Gute Erfahrungen gemacht habe ich mit den Navis von Garmin, und zwar zuletzt insbesondere mit den Marineprodukten vom Typ GPSmap 276C und 278. Leider wurde diese sehr flexible und frei konfigurierbare Baureihe mit dem großen Bildschirm 2008 eingestellt. Die neueren wasserdichten Garmin-Geräte sind eher für das Motorrad adaptierte simple Auto-Navis, die auf Adress-Suche optimiert sind. Oft fehlen so wichtige Funktionen wie Darstellung des gefahrenen Tracks, Tracklogs zum Abspeichern oder die Möglichkeit, weltweit beliebig freie Karten nachzuladen. Es gibt inzwischen selbst für abgelegene Gebiete Afrikas oder Südamerikas hervorragendes Kartenmaterial im Internet, frei kopierbar (wie openstreetmap.org) oder für eine geringe Gebühr (tracks4africa.com). Es lohnt sich, diese Projekte zu nutzen und zu unterstützen.

## 10. Reisefotografie

Schöne Fotos von seinen Reisen zurückbringen will sicher jeder. Außerdem ist es mit den heutigen Geräten möglich, auch technisch hervorragende Videos einzufangen. Ein auch inhaltlich gelungenes Video mit passendem Ton zu drehen ist jedoch schwer. Ich beschränke mich hier auf Fotoinfos.

### 10.1 Wahl der Kamera und des Zubehörs

Mit einer hochwertigen kompakten Digitalkamera wie der Canon G11, der Lumix DMC-LX3 oder der Nikon Coolpix P6000 ist man heute in der Lage, technisch besseres Bildmaterial mitzubringen als mit einer schweren analogen Kleinbild-Spiegelreflexkamera noch vor zehn Jahren. Achten Sie beim Kauf auf eine hochwertige Optik, schnelles Auslösen, übersichtliche Bedienung und einen möglichst großen Sensor. Wer gern am Computer Bilder optimiert, wählt eine Kamera, die Bilddaten im RAW-Format speichern kann. Ich verwende heutzutage eine aktuelle Spiegelreflexkamera mit Vollformatsensor und verwackelungsstabilisierten Wechselobjektiven von 14 bis 400 mm aus dem Canon EF-System. Dazu 8x32 GB an Speicherkarten für über 8000 RAW-Bilder, was für jeden Urlaub reicht. Was damit heute möglich ist, ist einfach genial für jeden, der gern fotografiert. Die Kamera und die Wechselobjektive habe ich in einem Mini-Fotorucksack untergebracht. Die Unterseite des Rucksacks wurde mit einem Panzerreißverschluss versehen, der auf das Unterteil eines Enduro-Tankrucksacks passt. Auf der Oberseite ist eine Klett-Tasche mit Klarsichtfach befestigt, die in Folie laminierte Farbkopien der Landkarten aufnimmt.

### 10.2 Zehn Tipps für gute Reisefotos

Vermeiden Sie folgende typische Fehler: (1) Auf dem Foto ist zu viel drauf oder Objekte sind abgeschnitten. (2) Das Foto hat keinen Vordergrund. (3) Der Horizont läuft langweilig durch die Mitte. (4) Die fotografierte Person schaut weg, ein Fahrzeug fährt aus dem Bild hinaus statt hinein. (5) Lassen Sie trüben und hellen Himmel weg. (6) Jedes Foto sollte ein Thema, eine Aussage haben: Gehen Sie dazu nahe ran. (7) Suchen Sie nach diagonalen Linien, Kurven und intensiven Farben. (8) Die Gestaltung eines Fotos ist viel wichtiger als eine neue teure Kamera. (9) Nehmen Sie RAW-Bilder auf und stellen Sie das Bild zu Hause am Computer optimal ein. (10) Kaufen Sie sich ein gutes Buch über Fotogestaltung, wenn Sie kein begnadeter Autodidakt sind!

*Linke Seite: In fremden Kulturkreisen sollte man immer zurückhaltend und äußerst höflich auftreten (Ladakh, Indien).*

*Rechte Seite: Für extreme Passhöhen – wie hier auf weit über 5000 Metern – ist es ratsam, kleinere Leerlaufdüsen mitzuführen (Indien).*

# Sachregister

# Impressum

Unser komplettes Programm:
**www.bruckmann.de**

Produktmanagement:: Claudia Hohdorf
Lektorat: Michael Dörflinger, Augsburg; Gisela Wunderskirchner, München
Layout: graphitecture book, Rosenheim
Repro: Cromika s.a.s., Verona
Umschlaggestaltung: Marion Waldmann, Augsburg
Kartografie: Astrid Fischer-Leitl, München
Herstellung: Thomas Fischer
Printed in Slovenia by Korotan, Ljubljana

Bildnachweis:
Alle Fotos auf dem Umschlag und im Innenteil stammen von Dr. Claus Possberg.
Umschlagvorderseite: Sandpiste in der Namib (Namibia), kleines Foto: Architektur in Nubien (Sudan)
Umschlagrückseite: Trans-Sahara mit der 25 Jahre alten HPN-BMW (Sudan). Der Ersatzreifen war das Geschenk eines Neuseländers.

Alle Angaben in diesem Werk hat der Autor sorgfältig recherchiert und auf den aktuellen Stand gebracht. Sie wurden vom Verlag geprüft. Für die Richtigkeit der Angaben kann jedoch keine Haftung übernommen werden. Für Hinweise und Anregungen sind wir jederzeit dankbar.
Bitte richten Sie diese an:
Bruckmann Verlag
Postfach 40 02 09
D-80702 München
E-Mail: lektorat@verlagshaus.de

Die Deutsche Nationalbibliothek – CIP-Einheitsaufnahme
Ein Titeldatensatz für diese Publikation ist bei der Deutschen Nationalbibliothek erhältlich.


ISBN 978-3-7654-5343-4

ARKTISCHER OZEAN
GRÖNLAND
Baffin Bay
Norwegische Meer
Beringstraße
ALASKA
Inuvik
Fairbanks
Yukon
Mackenzie
Anchorage
ROCKY MOUNTAINS
Hudson Bay
Beringsee
Golf von Alaska
Hyder/Alaska
KANADA
Stewart
ALEUTEN
Great Plains
Jasper
Calgary
Port Hardy
Vancouver
Olympic
Mt. Rainier 4395 m
Yellowstone
Mississippi
FRANKRE
Crater Lake
Salt Lake City
USA
SPANIEN
San Francisco
Las Vegas
Colorado
Arkansas
Albuquerque
Los Angeles
San Diego
Old Tuscon
ATLANTISCHER
OZEAN
KANARISCHE INSELN
Rio Grande
Golf von Mexiko
Cabo Falso
HAWAII
MEXIKO
Karibisches Meer
GUATEMALA
EL SALVADOR
NICARAGUA
Managua
COSTA RICA
PANAMA
Niger
Medellín
Bogotá
KOLUMBIEN
GALAPAGOS
Quito
ECUADOR
Amazonas
BRASILIEN
PAZIFISCHER
OZEAN
Trujillo
ANDEN
Lima
Macchu Picchu
PERU
La Paz
BOLIVIEN
San Sebastian
Rio de Janeiro
Salta
São Paulo
CHILE
Aconcagua 6962 m
Mendoza
Santiago
Pampas
Buenos Aires
Concepcion
Osorno
Bariloche
CHILOÉ
ARGENTINIEN
Puerto Yungay
1000 Meilen
El Calafate
1000 km
Punta Arenas
Ushuaia
Motorradroute
Kap Hoorn